ECO – A Spanish Practice Book

EGO

A Spanish Practice Book

Juan Kattán-Ibarra

Ealing College of Higher Education

©1979
Juan Kattán-Ibarra
ISBN 0 7175 0810 2

Drawings by Vladek Szechter

First published 1979 by
Hulton Educational Publications Ltd.,
Raans Road, Amersham, Bucks.

Printed in Great Britain by
Martin's of Berwick

CONTENTS

ACKNOWLEDGMENTS

I should like to express my gratitude to my colleagues Daniel Makin and Pilar Connell for their helpful criticisms and assistance in revising the material. I should also like to thank Colin Somerville and Juan Campos for their comments on the language of the text.

The author and publishers are grateful to the following for permission to reproduce copyright photographs:
International Labour Office for pages 248, 250
and Spanish Tourist Office for pages 5, 38, 39, 40, 55, 56, 69, 90, 169, 171, 243

Thanks are also due to the following for permission to use copyright material:
Cambio 16 for extracts from Cambio 16 nos. 311 and 316; Hispania Press for the interview on page 156.

INTRODUCTION

This is a practice book written for use with first and second year students of Spanish. It provides students and teachers with supplementary material designed to consolidate the basic language skills in a variety of everyday situations. The material in this book gives practice in the following areas:

Reading
The passages have been written in a variety of styles and they aim to illustrate a wide range of language use. From the point of view of topic, they have been linked together in sets of two. The first text of each set develops around a situation or theme of a personal nature, while the second one presents information related to a particular aspect of Spain or Spanish life. In the situational texts the language has been selected along functional rather than purely structural lines. An attempt has been made, however, to control structural complexity throughout the whole book. Each situational unit is followed by a *vocabulary* which includes some of the words and phrases used and their English equivalents. The section *Notas* lists the main language points contained in the passage.

Comprehension
Two types of comprehension questions have been used. First, multiple-choice questions. These are intended not merely to test understanding but, more important perhaps, to encourage students to read the passage carefully. Second, open-ended questions which in addition call for a productive use of language skills.

Oral Practice
The various short dialogues presented in this section are linked in content to the main text. Their aim is to exercise different language functions in order to increase the students' capacity to communicate effectively in a number of situations. The language functions to be practised are those listed in the section *Notas* of each unit.

Written Practice
This is also of a functional nature. The exercises here have been designed to give practical assistance to the students in writing paragraphs, notes, letters and other material directly related to themselves or to their own needs.

TO THE TEACHER

As with any textbook, teachers will no doubt want to select, adapt and use this material to suit the needs and interests of their own students. However, the following basic procedure is recommended:

1 Read the text or part of the text to the students. They may take part in the reading if this is an interview or a dialogue. Ideally, this type of text should be pre-recorded or read with the help of a Spanish Assistant, if one is available. These texts should be used as *listening comprehension* exercises with books closed, while passages which present information on Spain or Spanish life could be used for *reading comprehension*.

2 After reading the text ask general questions on it to ensure that students have understood what the *topic* is about (e.g. shopping), the *setting* (e.g. at the chemist's), the *social roles* involved (e.g. customer–shop assistant) and the *language function* being performed (e.g. asking for something in a shop).

3 Read the text to the students a second time and deal with any difficulties they may encounter while they follow the reading. The purpose of this second reading is to make sure that the meaning of the text is clear.

4 Ask the students to read the text silently and then go through the comprehension questions at the end of each passage. These may be answered orally in class but occasionally students could also be asked to write down the answers at home as a form of writing practice. The exercise with the instruction *Responda en español* is the most suitable one for this.

5 Before going through the *Práctica Oral* and *Práctica Escrita* call the students' attention to the section *Notas*. This is a reference section and any comments on the points included here should best be made with reference to the main text or to the oral and written exercises that follow. Some teachers may wish to revise grammatical points at this stage.

6 **Práctica Oral.** Read the model dialogue to the students and make sure they understand what type of practice it calls for. You may then read the dialogue again while students repeat after you in chorus. The dialogue may then be read in pairs.

Read the instructions to the exercises which follow and practise these with the class. Then ask the students to get together in pairs or small groups to practise on their own while you check and correct their performance.

Exercises involving a wider choice of language (for example, where directions for answering are given in English) could be demonstrated on the blackboard with all students taking part before dividing them into pairs or groups.

7 Práctica Escrita. Read the model paragraph or text to the students, deal with any difficulties they may have and then ask individual students to read it again.

Read the instructions to the exercises which follow and go through these orally before asking students to write anything. They may then do these exercises at home.

Further practice may be provided by asking students to complete in writing some of the dialogues in *Práctica Oral*.

VALLADOLID
Una nueva semana
internacional de cine

5 al 12 de mayo

Hoy es el primer día de la Semana Internacional de Cine de Valladolid. Directores y actores de cine españoles y extranjeros participan en este Festival. Los periódicos y radios locales sólo hablan de cine.

En el Hotel Carlos V de Valladolid hay un grupo de participantes en el Festival. Gonzalo Villa, de Radio Valladolid, llega al Hotel Carlos V para hablar con un director de cine.

En la recepción del hotel

Gonzalo:	El señor Jorge Vera, por favor.
Recepcionista:	Sí. ¿Cómo se llama usted?
Gonzalo:	Me llamo Gonzalo Villa. Soy de Radio Valladolid.
Recepcionista:	Un momento, por favor.
	(*El recepcionista telefonea al señor Vera.*)

Recepcionista:	Sí. Está bien. La habitación del señor Vera es la número diez.
Gonzalo:	Muchas gracias.
Recepcionista:	De nada.

En la habitación número diez

Gonzalo: Buenas tardes. ¿El señor Vera?

Sr. Vera: Sí. Soy yo.

Gonzalo: Mucho gusto. Yo soy Gonzalo Villa de Radio Valladolid.

Sr. Vera: Encantado. Pase usted, por favor. Siéntese aquí.

Gonzalo: Gracias.

Sr. Vera: ¿Un cigarrillo?

Gonzalo: No, gracias. No fumo.

Sr. Vera: ¿Bien?

Gonzalo: Señor Vera . . . Usted es argentino, ¿verdad?

Sr. Vera: Sí, soy argentino. Soy de Buenos Aires.

Gonzalo: ¿Es esta su primera visita a Valladolid?

Sr. Vera: Sí, es la primera.

Gonzalo: ¿Cómo se llama su película?

Sr. Vera: Se llama Historia de Amor.

Gonzalo: ¿Es una producción argentina?

Sr. Vera: Sí, es argentina.

Gonzalo: ¿Y cuándo es la presentación?

Sr. Vera: Es esta noche.

| FESTIVAL DE CINE | HISTORIA DE AMOR | Dirección Jorge Vera |

Vocabulario

primer(o)	*first*
el día	*day*
la semana	*week*
extranjero	*foreign*
participar	*to take part*
el periódico	*newspaper*
sólo	*only*

14

hablar	*to speak*
llegar	*to arrive*
¿cómo se llama Vd.?	*what's your name?*
me llamo . . .	*my name is . . .*
telefonear	*to telephone*
la habitación	*room*
de nada	*you're welcome*
mucho gusto	*how do you do?/pleased to meet you*
encantado	*how do you do?/pleased to meet you*
pase Vd.	*come in*
siéntese	*sit down*
aquí	*here*
el cigarrillo	*cigarette*
fumar	*to smoke*
la película	*film*
la historia	*story*
el amor	*love*
esta noche	*tonight*

Notas

Here are some useful ways of
1. **Saying your name**
   Me llamo Gonzalo Villa.
   Soy Gonzalo Villa.
2. **Asking somebody's name**
   ¿Cómo se llama Vd.? *¿Cómo te llamas tú?*
   ¿Quién es Vd.? *¿Quién eres tú?*
3. **Saying somebody's name**
   El director de cine *se llama* Jorge Vera.
   El director de cine *es* Jorge Vera.
4. **Saying what nationality you are**
   Soy argentino.
5. **Saying what nationality people are**
   Gonzalo Villa *es* español.
   Jorge Vera *es* argentino.
6. **Saying where you are from**
   Soy de Buenos Aires.
   Soy de Valladolid.

15

7. **Asking people where they are from**
   ¿*De dónde es Vd.?*   ¿*De dónde eres tú?*
   ¿*De dónde son Vds.?*   ¿*De dónde sois vosotros?*
8. **Saying where people are from**
   Jorge Vera *es de* Argentina.
   Gonzalo Villa *es de* Valladolid.
9. **Introducing yourself**
   Yo soy Gonzalo Villa.
10. **Introducing other people formally**
    Le presento al Sr. Jorge Vera.
    Le presento a Gonzalo Villa.
11. **Greeting people when being introduced**
    Mucho gusto.
    Encantado(a)
12. **Greeting somebody**
    in the morning: ¡*Buenos días!*
    in the afternoon and evening: ¡*Buenas tardes!*
    at night: ¡*Buenas noches!*
13. **Thanking somebody**
    Gracias. (De nada/No hay de qué)
    Muchas gracias. (De nada/No hay de qué)

Revisión

ser	soy
	eres
	es
	somos
	sois
	son

-*ar* verbs hablar	habl-*o*
	habl-*as*
	habl-*a*
	habl-*amos*
	habl-*áis*
	habl-*an*

Preguntas

A. Seleccione la respuesta correcta.
1. Jorge Vera es
   (a) un recepcionista de hotel.
   (b) un actor de cine.
   (c) un director de cine.

16

2. Jorge Vera es
   (a) de Buenos Aires.
   (b) de Valladolid.
   (c) de Madrid.
3. Gonzalo Villa
   (a) fuma mucho.
   (b) fuma muy poco.
   (c) no fuma.
4. La conversación con Jorge Vera es
   (a) en la recepción del hotel.
   (b) en su habitación.
   (c) en Radio Valladolid.
5. La presentación de la película es
   (a) por la mañana.
   (b) por la tarde.
   (c) por la noche.

B. Responda en español.
1. ¿Dónde es el festival de cine?
2. ¿Quiénes participan en el festival?
3. ¿De qué hablan los periódicos y radios locales?
4. ¿Cómo se llama el director de cine?
5. ¿Cómo se llama el hotel?
6. ¿Cuál es el número de la habitación?
7. ¿Quién telefonea a Jorge Vera?
8. ¿Con quién habla Jorge Vera en la habitación?
9. ¿Es esta su primera visita a Valladolid?
10. ¿Es español Jorge Vera?
11. ¿Cómo se llama la película?
12. ¿Es una producción española?

Práctica oral

1. Study this dialogue.
   A: ¿Cómo se llama Vd.?
   B: Me llamo Gonzalo Villa.
   A: ¿Es Vd. español?
   B: Sí, soy español.
   A: ¿De dónde es?
   B: Soy de Valladolid.

17

Now get together with another student and use the information in this chart to make up similar dialogues.

NOMBRE	NACIONALIDAD	CIUDAD O PUEBLO
Janet	inglesa	Londres
Mark	inglés	Manchester
Pierre	francés	París
Carmen	española	Ciudad Real
Julio	español	Madrid
Ingrid	alemana	Munich
Mario	italiano	Roma
Jorge	argentino	Buenos Aires
Luisa	mexicana	Ciudad de México

Now fill in this form.

NOMBRE: Sr./Sra./Srta. ....ROONEY..........

NACIONALIDAD: ....INGLESA..........
LUGAR DE RESIDENCIA: ....CAMBRIDGE..........

You are attending the International Film Festival in Valladolid. At your hotel you meet another guest. Talk to him.
A: ¡Buenos días!
B: ....
A: ¿Un cigarrillo?

18

B: ....
A: ¿Es usted inglesa (inglés)?
B: ....
A: Yo soy holandés. Me llamo Jan.
¿Cómo se llama usted?
B: ....
A: Yo soy de Amsterdam. ¿De dónde es usted?
B: ....

You are flying back to England. At the airport you meet a Spanish person. Talk to him.
A: ....
B: Sí, soy español.
A: .....Dónd.........
B: Soy de Málaga.
A: .....Cómo se lla.....
B: Me llamo Manuel.

2. Study this dialogue.
A: ¿Es usted *Jaime* Villa?
B: No, yo soy *Gonzalo* Villa.
A: Vd. es *de Madrid*, ¿verdad?
B: No, soy *de Valladolid*.
A: ¡Ah! Perdone.
B: Está bien.

Now use this information to form similar dialogues. Practise with another student.

NO	SI
(a) Fernando Vera/México	Jorge Vera/Argentina
(b) María Fernández/Madrid	Carmen Fernández/Bilbao
(c) Juan Aguirre/Málaga	José Aguirre/Valencia

You are approached by a stranger.
A: ¿Es usted Julia(o) García?
B: (No. Say who you are)
A: Vd. es de Zaragoza, ¿verdad?
B: (No. Say where you are from)

19

A: ¡Ah! Perdone.
B: (That's all right)

3. Study this dialogue.

A: Buenas tardes. ¿Vd. es Jorge Vera?
B: Sí, soy yo. ¿Quién es Vd.?
A: Yo soy Gonzalo Villa. Mucho gusto.
B: Encantado.

Now team up with other students and introduce yourselves. Follow the dialogue above.

4. Study this dialogue.

A: Buenas tardes. Le presento al señor Villa.

B: Mucho gusto.
C: Encantado.

Now get together with another student and introduce (him) (her) to your teacher or another person in the class.

5. **Get together with another student and imagine yourselves in these situations:**
   You are out with a friend one evening and meet one of your teachers.
   (a) Greet your teacher.
   (b) Introduce your friend to the teacher.
   (c) Say your friend is Spanish.
   (d) Say he is from *Sevilla*.

   A friend telephones to invite you to the cinema.
   (a) Thank him.
   (b) Ask him what the film is called.   *Como se llama lápicula*
   (c) Ask him if it is an English film.   *Es Inglisa*
   (d) Ask him who the director of the film is.   *Quien es el*

Práctica escrita

1. **Study this paragraph. It's an extract from a letter.**
   . . . se llama Hans y es alemán.
   Es de Hamburgo. Habla un poco de español . . .

Now use these words to write similar paragraphs.
   (a) Brigitte/francesa/Lyon/bastante bien español.
   (b) Rodrigo/español/Torremolinos/un poco de inglés.
   (c) Jorge/argentino/Buenos Aires/muy bien inglés.
   (d) Louise/inglesa/Blackpool/un poco de español y francés.
   (e) Peter/inglés/Londres/muy bien francés, español y alemán.

2. **Study this paragraph.**
   Me llamo Gonzalo y soy español.
   Soy de Valladolid. Hablo español
   y un poco de inglés y francés . . .

Now write a paragraph giving similar information about yourself.

ESPAÑA

Para muchos extranjeros, España es el país del sol y del mar. Es un país de clima agradable y con muchos días de sol al año. Tiene, además, paisajes muy hermosos y monumentos artísticos importantes. España es popular como centro de vacaciones. Millones de turistas llegan cada año a la costa del Mediterráneo.

España es un país muy grande. Es el tercer país más grande de Europa. Es un país de enormes contrastes. *España es diferente*, dice la propaganda turística. Para comprender a España es necesario conocer sus regiones. El carácter de su gente y su cultura, su clima y sus paisajes son diferentes de región a región.

EL TERRITORIO ESPAÑOL

La España peninsular va desde los Pirineos al Estrecho de Gibraltar y desde el Mediterráneo a la frontera con Portugal. Las Islas Baleares, en el Mediterráneo, y las Islas Canarias, frente a la costa de Africa occidental, son también parte del territorio español.

22

REGIONES DE ESPAÑA

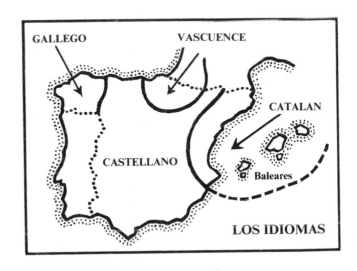

LOS IDIOMAS

CIUDADES IMPORTANTES

La capital de España, Madrid, en el centro de la Península, es la ciudad más grande del país. Otras ciudades españolas importantes son Barcelona, Valencia, Sevilla, Zaragoza y Bilbao.

La mayor parte de los españoles vive en la costa. Allí el clima es más agradable y las temperaturas son menos extremas que en el interior. Barcelona y Valencia son las dos ciudades más grandes en la costa del Mediterráneo.

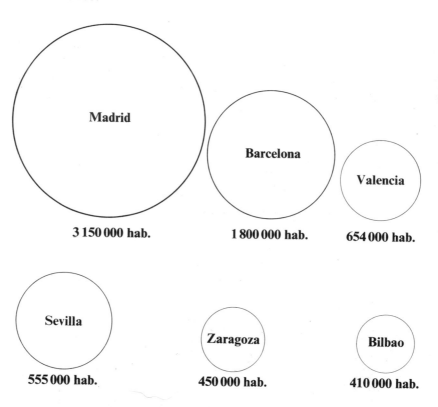

Madrid	Barcelona	Valencia
3 150 000 hab.	1 800 000 hab.	654 000 hab.

Sevilla	Zaragoza	Bilbao
555 000 hab.	450 000 hab.	410 000 hab.

EL IDIOMA ESPAÑOL

El idioma español se llama también **castellano**. El castellano es el idioma originario de Castilla. Es también la lengua oficial en la mayor parte de las repúblicas latinoamericanas. Más de doscientos millones de personas en el mundo hablan castellano. Como el inglés, el español es una lengua universal.

Comparación entre el español y otros idiomas europeos.	
inglés	369 millones
ruso	246 millones
español	225 millones
francés	120 millones
alemán	120 millones

LOS IDIOMAS DE ESPAÑA

Aparte del castellano, en España existen otros tres idiomas y varios dialectos. En Cataluña, en el País Valenciano y en las Islas Baleares el idioma regional es el **catalán**. El **gallego** es el idioma de la región de Galicia y el **vascuence** es el idioma del País Vasco.

El catalán, el gallego y el castellano son idiomas de origen latino. El gallego es muy similar al portugués.

El vascuence es un idioma muy diferente de otras lenguas europeas. Hasta ahora nadie sabe el origen exacto del idioma del País Vasco.

Preguntas

1. ¿Por qué es popular España?
2. ¿Cómo se llama la capital española?
3. ¿Cuál es la ciudad más grande del Mediterráneo?
4. ¿Cuántos idiomas existen en España?
5. ¿Cuáles son?
6. ¿Dónde hablan estos idiomas?

DE VACACIONES

Marazul es un pueblo de Andalucía. En Marazul hay un periódico. Este periódico se llama La Voz. Paco—periodista de La Voz—entrevista a algunos turistas en Marazul.

En la puerta del **Hotel La Playa** hay una chica. Es extranjera.

Paco: Buenas tardes, señorita. Yo soy del periódico La Voz de Marazul. ¿Habla Vd. español?

Señorita: Sí. Un poco.

Paco: ¿Está Vd. contenta en Marazul?

Señorita: ¿Cómo?
Paco: ¿Está Vd. contenta en Marazul?
Señorita: Sí, mucho. Estoy muy contenta. El clima es maravilloso y las playas son magníficas.
Paco: ¿Y cómo es el hotel?
Señorita: Es excelente, pero un poco caro.

En la playa hay mucha gente esta tarde. Hay una turista del Japón. Ella no está muy contenta en Marazul. ¿Por qué?

Turista japonesa: Pues, hay muchos turistas aquí, el hotel no es muy bueno y los camareros no hablan japonés.

Hay también varios turistas ingleses en la playa.

Una turista inglesa: ¿Una taza de té?
Un turista inglés: Sí, por favor.

27

El señor y la señora Smith son ingleses. El señor Smith habla un poco de español.

Señor Smith: Estamos muy contentos en Marazul. El hotel es bueno, el servicio es eficiente, los precios son razonables y hay buenas playas.

El **Bar La Sirena** es muy popular. La gente bebe cerveza y vino. En una mesa hay un señor. El señor bebe vino.

Señor: ¿Marazul? ¡Ah! Marazul es un pueblo estupendo, la comida es excelente, el clima es ideal y la gente es muy simpática. Estoy muy contento en Marazul.

Paco: ¿De dónde es Vd.?

Señor: ¡Pues hombre! Soy de Marazul.

La plaza del pueblo es muy bonita. Hay flores de muchos colores. Rojas, blancas, amarillas, azules y verdes. Esta tarde hay muy poca gente en la plaza. Un señor lee un periódico extranjero.

Paco: ¡Señor!, ¡señor! Un momento, por favor. Usted es extranjero, ¿verdad?

Señor: Sí.

Paco: ¿Habla Vd. español?

Señor: Sí.

Paco: ¿Está Vd. contento aquí?

Señor: Sí.

Paco: ¿¿¿??? Gracias, señor.

Señor: Sí.

La tienda de recuerdos es también muy popular. Es barata. Una señora compra una jarra de cerámica.

Señora: Esta cerámica no es muy buena.

Dependienta: Bueno . . . pero es muy barata.

La señora es turista. Ella no está muy contenta en Marazul.

Señora: El hotel es malo, el personal no es muy eficiente, no hay aire acondicionado, el ascensor sube pero no baja y . . . y . . .

Vocabulario

el periodista	*journalist*
entrevistar	*to interview*

las playas	*beaches*
beber	*to drink*
la cerveza	*beer*
el vino	*wine*
la gente	*people*
las flores	*flowers*
los recuerdos	*souvenirs*
barata	*cheap*
comprar	*to buy*
el ascensor	*lift*
subir	*to go up*
bajar	*to go down*

Notas

Here are some useful ways of
1. **Talking about the qualities of a place or a person**
   El clima *es* maravilloso.
   Las playas *son* magníficas.
   La gente *es* muy simpática.
   El personal no *es* muy eficiente.
2. **Asking about the qualities of a place or a person**
   ¿*Cómo es* el clima?　　¿*Es* bueno el clima?
   ¿*Cómo son* las playas?　　¿*Son* buenas las playas?
   ¿*Cómo es* el personal?　　¿*Es* eficiente el personal?
3. **Talking about the existence or presence of something or someone**
   En Marazul *hay* un periódico.
   (No) *hay* aire acondicionado.
   En la playa *hay* mucha gente.
   Hay muchos turistas aquí.
4. **Inquiring about the existence or presence of something or someone**
   ¿*Hay* un periódico en Marazul?
   ¿*Hay* muchos turistas?
   ¿*Hay* aire acondicionado en su hotel?
5. **Saying that you are satisfied or pleased about something**
   Estoy (muy) *contento.*
   Estamos contentos.
6. **Saying that you are not satisfied or pleased**
   No estoy (muy) *contento.*
   No estamos contentos.

7. **Asking people if they are pleased or satisfied**
¿*Está* Vd. *contenta* en Marazul?
¿*Están* Vds. *contentos* en este hotel?
¿*Estás contento* (tú) aquí?
¿*Estáis contentos* (vosotros) en Marazul?

Revisión

estar	estoy estás está estamos estáis están

-er verbs	beb-*o* beb-*es* beb-*e* beb-*emos* beb-*éis* beb-*en*	-ir verbs	sub-*o* sub-*es* sub-*e* sub-*imos* sub-*ís* sub-*en*
beb*er*		sub*ir*	

Preguntas

A. Seleccione la respuesta correcta.
1. Paco es
   (a) un turista español.
   (b) un turista extranjero.
   (c) un periodista español.
2. El Hotel La Playa es
   (a) bueno.
   (b) excelente.
   (c) malo.

B. Responda en español.
1. ¿Cómo se llama el periódico de Marazul?
2. ¿Es caro o barato el Hotel La Playa?
3. ¿Hay mucha gente en la playa?
4. ¿Por qué no está contenta la turista japonesa?
5. ¿De dónde son el señor y la señora Smith?
6. ¿Por qué están contentos en Marazul?

7. ¿Qué bebe la gente en el bar La Sirena?
8. ¿Cómo es la plaza del pueblo?
9. ¿Qué hay en la plaza?
10. ¿Qué compra la señora en la tienda de recuerdos?
11. ¿Es cara la cerámica?
12. ¿Por qué no está contenta la señora en Marazul?

Práctica oral

1. **Study this dialogue. It is part of an interview between Paco and a tourist.**
   A: Buenas tardes. Vd. es turista, ¿verdad?
   B: Sí, soy turista.
   A: ¿De dónde es?
   B: Soy de Inglaterra.
   A: ¿Está Vd. contento aquí?
   B: Sí, estoy muy contento.
   A: ¿Cómo es su hotel?
   B: Es bastante bueno.
   A: Y la comida, ¿cómo es?
   B: La comida es excelente.

Now get together with another student and imagine that you are on holiday in Spain. Practise using the questions above. You will find suitable answers in this chart.

	Turista A	Turista B	Turista C
PAIS	Alemania	Francia	Holanda
¿ESTA CONTENTO(A)?	no	sí	sí
EL HOTEL	malo, caro	excelente	regular so⁵ᵒ
LA COMIDA	muy mala	deliciosa, abundante	estupenda, muy variada

This time *you* **are being interviewed. Answer the questions.**

A: Vd. es turista, ¿verdad?
B: (Yes. Say you are a tourist.)
A: ¿De dónde es?
B: (Say where you come from.)
A: ¿Está Vd. contento(a) aquí?
B: (No. Say you are not very happy.)
A: ¿Por qué?
B: (Because the hotel is not very good
and it is expensive.)

2. Study this dialogue. It's part of a conversation with a student from England.

A: ¿Cómo te llamas?
B: Me llamo Peter.
A: ¿Hablas español?
B: Un poco solamente.
A: ¿De dónde eres?
B: Soy de Inglaterra.
A: ¿De Londres?
B: No, de Brighton.
A: ¿Cómo es Brighton?
B: Es una ciudad muy bonita.
A: ¿Y cómo es el clima?
B: Es un poco frío en invierno,
pero en verano es muy agradable.
A: ¿Cómo son las playas?
B: Son estupendas.
A: ¿Estás contento en Brighton?
B: Sí, estoy muy contento.

You meet María, a Portuguese girl working in Spain. Fill in the gaps with the proper questions.

A:	*¿Cómo son las playas?*
B: Me llamo María.	*¿De Lisboa?*
A:	*¿Hablas español?*
B: Sí, sí hablo.	*¿Estás contenta en España?*
A:	*¿Cómo te llamas?*
B: Soy de Portugal.	*¿Cómo es el clima?*
A:	*¿De dónde eres?*

B: No, soy de Oporto.   *¿Cómo es Oporto?*

A: ....

B: Es una ciudad muy interesante.

A: ....

B: Es bastante agradable.

A: ....

B: Son excelentes.

A: ....

B: No, no estoy muy contenta.

3. **Study this dialogue. Two people are talking about Paco, the journalist from La Voz.**

   A: ¿Cómo es Paco?

   B: ¿Paco? Pues, Paco es inteligente y simpático, pero no es muy responsable.

Now answer questions about these people. Refer to the charts.

María	
simpática	*sí*
atractiva	*sí*
inteligente	*no*

Pedro	
agradable	*sí*
responsable	*sí*
atractivo	*no*

(a) A: ¿Cómo es María?

    B: ....

       ....

       ....

(b) A: ¿Cómo es Pedro?

    B: ....

       ....

Now describe a person you know well. Use some of these words.

simpático/antipático
atractivo/feo
inteligente/tonto
responsable/irresponsable
buen amigo/mal amigo
optimista/pesimista
interesante/aburrido

Describe your teacher.

33

4. **Study this dialogue. It's part of a conversation between a tourist and the receptionist at the Hotel La Playa.**
   A: ¿Hay agua caliente en las habitaciones?
   B: Sí, sí hay.
   A: ¿Hay aire acondicionado?
   B: Sí. También hay aire acondicionado.
   A: ¿Y hay sauna?
   B: No, sauna no hay.

Now imagine that you are working at the Tourist Office in Marazul and have to answer questions about the facilities available at some of the hotels in the town. On your desk you have some information which indicates the facilities available (√) and not available (×) at the hotels. Study this chart and complete the dialogues that follow.

	HOTEL:	MIRAMAR	REAL	EL SOL
agua caliente		√	√	√
aire acondicionado		×	√	×
bar		√	√	√
discoteca		√	√	√
piscina		√	×	×
sauna		×	×	√

En la Oficina de Turismo de Marazul
(a) A: ¿Hay bar en el Hotel Miramar?
    B: ....
    A: ¿Hay discoteca?
    B: ....
    A: ¿Y hay aire acondicionado?
    B: ....
(b) A: ¿Hay agua caliente en el Hotel Real?
    B: ....
    A: ¿Hay bar?

B: ....

A: ¿Y hay piscina?

B: ....

(c) A: ¿Hay discoteca en el Hotel El Sol?

B: ....

A: ¿Hay sauna?

B: ....

A: ¿Y hay piscina?

B: ....

5. Get together with another student and imagine yourselves in this situation:

A friend of yours has just returned from a holiday in Benidorm.

Ask him

(a) what Benidorm is like. *Como es*

(b) if the people are nice.

(c) if the beaches are good. *¿Son buenas las playas?*

(d) if there are many tourists in Benidorm.

Práctica escrita

1. Read this postcard. It was written by someone on holiday in Marbella.

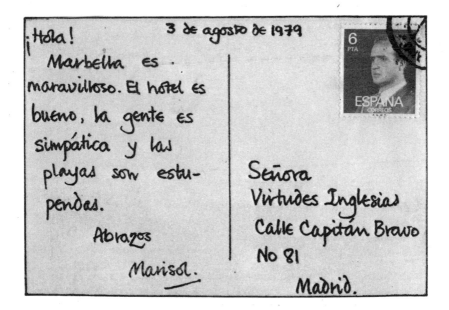

¡Hola!

3 de agosto de 1979

Marbella es maravilloso. El hotel es bueno, la gente es simpática y las playas son estupendas.

Abrazos

Marisol.

Señora
Virtudes Inglesias
Calle Capitán Bravo
No 81
Madrid.

35

Now write similar postcards about these places.

(a) Torremolinos: muy bonito
  las playas: estupendas
  el apartamento: muy cómodo
  la gente: muy amable
(b) Palma: maravilloso
  el hotel: bastante cómodo
  la playa: muy buena
  el clima: excelente

Imagine that you are on holiday. Write a postcard to a friend describing the place.

2. Read this paragraph. It's part of a report written by the editor of the newspaper La Voz about one of the reporters.
Francisco es una persona eficiente y
responsable. Además, es muy puntual.

Now look at the editor's notes with regard to Elena and Enrique, two other reporters of La Voz. Use them to write paragraphs similar to the one above.

Elena:	*imaginativa*	*Enrique:*	*ineficiente*
	competente		*irresponsable*
	responsable		*impuntual*

Now describe yourself. Use some of these words.

soy	*eficiente/ineficiente* *responsable/irresponsable* *puntual/impuntual* *paciente/impaciente*

3. Read this paragraph. It is a description of a town.
La ciudad donde vivo se llama Barcelona. Barcelona es una ciudad grande y bonita. El clima de Barcelona es bueno y la gente es muy agradable.

Now answer this questionnaire and then use the answers to write a description of your town. Tick the appropriate boxes.

NOMBRE DE LA CIUDAD O PUEBLO DONDE VIVE	
Su pueblo o ciudad es	grande ☐ pequeño ☐ bonito ☐ feo *ugly* ☐ moderno ☐ antiguo ☐
El clima es	excelente ☐ bueno ☐ regular ☐ malo ☐
La gente es	simpática ☐ antipática ☐ agradable ☐ desagradable ☐ amable ☐

Los colores y su carácter

¿Cuál es su color favorito?	
1. ¿el rojo?	☐
2. ¿el azul?	☐
3. ¿el verde?	☐
4. ¿el amarillo?	☐
5. ¿el marrón?	☐
6. ¿el púrpura?	☐
7. ¿el negro?	☐

Si su color favorito es el
1. **ROJO** Vd. es de carácter extrovertido, con mucha energía y vitalidad. Vd. es optimista.
2. **AZUL** Vd. es una persona tranquila y muy responsable. Es poco sociable.
3. **VERDE** Vd. es de carácter sensible y honesto. Los amigos son muy importantes para Vd.
4. **AMARILLO** Vd. es de personalidad artística e imaginativa. Es de carácter tímido.
5. **MARRON** Vd. es de personalidad fuerte e impulsiva. En ocasiones Vd. es una persona muy irritable.
6. **PURPURA** Vd. es de personalidad individualista, indiferente y muy independiente. Los amigos no son muy importantes para Vd.
7. **NEGRO** Vd. es una persona de carácter rebelde y agresivo. Es muy pesimista. Para Vd., su familia, su casa y su trabajo son muy importantes.

37

ANDALUCIA

Para muchos, Andalucía no requiere introducción. De todas las regiones de España, Andalucía es, quizás, la más popular entre los extranjeros. Su costa y su sol y la belleza de muchos de sus pueblos y ciudades atraen a millones de visitantes durante la mayor parte del año.

Andalucía ocupa el Sur del país. Es una región muy grande y en ella hay ocho provincias. Las provincias de la costa son Almería, Málaga, Granada, Cádiz y Huelva. Las provincias del interior son Sevilla, Córdoba y Jaén.

EL CLIMA

En general, el clima de la costa es seco y caluroso durante el verano. En el invierno las temperaturas no son muy bajas y llueve poco. Las lluvias son más abundantes en la zona atlántica.

38

ANDALUCIA HISTORICA

La historia de Andalucía está unida a la larga permanencia de **los árabes** en España. Su presencia es hoy evidente en la arquitectura de sus ciudades, en los nombres de muchos sitios, en su música y su baile y en el aspecto físico de sus habitantes.

CIUDADES ANDALUZAS

Sevilla es la ciudad más grande de Andalucía y la cuarta ciudad más grande de España. De todas las ciudades del Sur de la Península, Sevilla es, quizás, la más bella.

Otra ciudad famosa de Andalucía es **Granada**. La Alhambra es un antiguo fuerte y palacio árabe y es, probablemente, uno de los monumentos más extraordinarios y bellos de la arquitectura árabe.

Córdoba es la más árabe de las ciudades españolas. El monumento más importante de Córdoba es la Mezquita, construida por los árabes en el siglo VIII. En el centro de la Mezquita hay ahora una Catedral.

La segunda ciudad más grande de Andalucía es **Málaga**. Málaga es el centro turístico más importante en el Sur de España. A pocos kilómetros de esta ciudad, en la **Costa del Sol**, están Torremolinos y Marbella, dos de los centros de veraneo más populares en esta región de España.

PUEBLOS DE ANDALUCIA

Uno de los aspectos más bellos y característicos de Andalucía son sus pequeños pueblos blancos. Las casas son, por lo general, bajas y en muchas de ellas hay un patio interior con flores y plantas que dan protección durante los días de sol y calor.

LA AGRICULTURA

Andalucía es famosa por sus uvas y sus vinos. En la provincia de Cádiz hay pueblos donde se producen vinos muy finos. Uno de estos pueblos es **Jerez de la Frontera**. Allí se produce **jerez** o *sherry*. Otro sitio importante es **Montilla**, en la provincia de Córdoba. El *amontillado*, un tipo de jerez, es un producto de Montilla.

El sol y el calor de Andalucía permiten también el cultivo del olivo. Las aceitunas de Sevilla son de excelente calidad. Con la aceituna se fabrica aceite de oliva, muy popular en la cocina española. En algunas partes de Andalucía se cultiva también arroz.

LOS ANDALUCES EMIGRAN

Aparte del turismo, Andalucía no es una zona muy industrial. En general, en esta región hay poco trabajo. Por esta razón, muchos andaluces emigran a las ciudades del centro y de la costa. En las industrias de Madrid y Barcelona hay muchos trabajadores andaluces.

Las muchachas jóvenes también abandonan los pueblos y van a la ciudad. Allí muchas de ellas trabajan en fábricas, hoteles o en el servicio doméstico.

En países de Latinoamérica y de Europa hay un gran número de inmigrantes andaluces.

Preguntas

1. ¿Por qué es popular Andalucía?
2. ¿Cómo es el clima de la costa en verano?
3. ¿Cómo es el clima en invierno?
4. ¿Cuántas provincias hay en Andalucía?
5. ¿Cuál es la ciudad más grande de esta región?
6. ¿Qué otras ciudades importantes hay?
7. ¿Cómo son las casas de Andalucía?
8. ¿Qué hay en el interior de las casas?
9. ¿Qué productos agrícolas hay en esta región?
10. ¿Qué se produce en Jerez de la Frontera?
11. ¿Por qué emigran los andaluces?
12. ¿Adónde emigran?

EN UN PUEBLO ESPAÑOL

CINCO

En la provincia de Zamora, en la región de León, muy cerca de la frontera con Portugal, está Valleverde. Valleverde es un pueblo muy pequeño. En el centro del pueblo hay una plaza y en el centro de la plaza hay una fuente. *Mayor* El Alcalde de Valleverde es don Manuel Zamorano. La casa de don Manuel está enfrente de la plaza. Es una casa de piedra. Las casas de Valleverde son de piedra.

Un grupo de alumnos de un instituto de Zamora visita hoy Valleverde.
Su profesor, don José Díaz, habla con el Alcalde del pueblo.

Don José: Don Manuel, ¿cuántos habitantes tiene Valleverde?

Don Manuel: Pues, Valleverde tiene unos trescientos habitantes. Es un pueblo muy pequeño.

Don José: ¿Cómo es el clima aquí?

Don Manuel: El clima... pues... hace bastante frío en invierno y en verano hace mucho calor. No es un clima muy agradable, en realidad.

Don José: ¿Llueve mucho?

Don Manuel: No, afortunadamente no llueve mucho.

Don José: ¿Y en qué trabaja la gente de Valleverde?

Don Manuel: Valleverde es un pueblo agrícola. Aquí la mayor parte de la gente trabaja en el campo. Son agricultores. Las familias cultivan sus legumbres, crían animales...

Don José: ¿Qué legumbres cultivan, por ejemplo?

Don Manuel: Cultivan patatas, cebollas, lechugas, tomates, judías, en fin, una gran variedad de productos.

Don José: ¿Y qué animales crían?

Don Manuel: ¿Animales?... Muchos crían gallinas, ovejas, vacas...

Don José: ¿Y los jóvenes también trabajan en el campo?

Don Manuel: Pues, ahora menos que antes. Aquí hay poco trabajo para la gente joven. La mayoría de los jóvenes van a la ciudad a trabajar. Especialmente los muchachos.

Don Jose: Le agradezco mucho su información, don Manuel.

Don Manuel: De nada.

Don José: Hasta luego.

Don Manuel: Hasta luego.

Al lado de la casa del Alcalde está el bar y frente al bar está la casa de doña Filomena Guerra. Soledad es la hija de doña Filomena. Javier, uno de los alumnos de don José, conversa con Soledad.

Javier: ¿Cómo es la vida en Valleverde?

Soledad: En Valleverde la vida es muy monótona, especialmente durante el invierno. En verano es un poco mejor.

Javier: ¿Hay cine?

Soledad: No, aquí no hay cine. En Zamora hay, ¿verdad?

Javier: Sí, en Zamora hay varios cines. ¿Tú vas a Zamora?

Soledad: Sí, voy de vez en cuando con mi madre o con mis amigas. Los días de mercado vamos siempre a Zamora.

44

En Valleverde hay un río. En el río las mujeres lavan la ropa. Hoy está en el río doña Filomena y su amiga doña Encarnación.

Doña Filomena: ¡Buenos días, doña Encarna! ¿Cómo está usted?
Doña Encarnación: Muy bien, gracias, doña Filomena. ¿Y usted como está?
Doña Filomena: Yo, regular. Pero mi marido está un poco enfermo.
Doña Encarnación: ¿Y qué tiene?
Doña Filomena: Tiene un catarro muy fuerte.
Doña Encarnación: ¡Es el frío, doña Filomena, es el frío!
Doña Filomena: Sí. ¡Qué frío hace!, ¿no?

45

En la esquina de la Calle José Antonio y la Calle San Felipe está la iglesia. Es una iglesia muy vieja. La gente de Valleverde va siempre a misa los domingos.

IGLESIA SANTA CRUZ

Calle San Felipe

HORARIO DE MISAS

Sábados y Vísperas de Fiesta: 7 y 8 de la tarde

Domingos y Festivos: 7,30–10,30 a.m. y 7 p.m.

Días ordinarios: 7 y 7,30 de la tarde

Don José Díaz quiere hablar con el padre Ambrosio. El padre Ambrosio es el cura de Valleverde.

Don José: Buenos días. ¿Está el padre Ambrosio?

Sacristán: No, el padre Ambrosio no está aquí hoy.

Don José: ¿Dónde está?

Sacristán: Está en Valladolid.

Don José: ¿Y cuándo llega?

Sacristán: Llega mañana por la tarde.

Don José: Gracias.

Sacristán: De nada.

Las noches de invierno en Valleverde son muy largas. Por las tardes, después del trabajo, los hombres van al bar. El bar se llama El Pollo. Don José va esa tarde al bar.

Don José: ¿Dónde está el bar El Pollo, por favor?

Hombre: Está en la Calle Mayor.

Don José: ¿Está lejos?

Hombre: No, está cerca. Está a dos calles de aquí.

Don José: Muchas gracias.

Hombre: No hay de qué.

Vocabulario

cerca	*near*
la fuente	*fountain*
el alcalde	*mayor*

enfrente de	*opposite*
la piedra	*stone*
hace frío	*it's cold*
hace calor	*it's hot*
llover	*to rain*
las legumbres	*vegetables*
criar	*to raise (animals)*
de vez en cuando	*from time to time*
el río	*river*
lavar	*to wash*
enfermo	*ill*
un catarro	*a cold*
la iglesia	*church*
el cura	*priest*

Notas

Here are some useful ways of

1. **Saying where places and people are**
   Valleverde *está* en la provincia de Zamora.
   El padre Ambrosio *está* en Valladolid.
2. **Saying where you are**
   Estoy en Valleverde.
   Estamos en Valleverde.
3. **Asking where places and people are**
   ¿*Dónde está* el Bar El Pollo?
   ¿*Dónde está* el padre Ambrosio?
   ¿*Dónde están* doña Filomena y doña Encarnación?
4. **Saying exactly where places are**
   La casa del Alcalde *está enfrente de la plaza.*
   El bar *está al lado de* la casa del Alcalde.
   La casa de doña Filomena *está frente al bar.*
   La iglesia *está en la esquina.*
   El bar El Pollo *está a dos calles de aquí.*
5. **Greeting people and asking them how they are**

Buenos días.	¿*Cómo está usted*? (formal)
Buenas tardes.	¿*Cómo estás (tú)*?
Buenas noches.	¿*Qué tal*?
¡*Hola*!	¿*Qué hay*?

6. **Answering a greeting**

Bien, gracias.	*¿Y usted?*
Muy bien, gracias.	*¿Y usted cómo está?*
Regular.	*¿Y tú?*
No muy bien.	*¿Y tú cómo estás?*

7. **Talking about the weather**

Hace frío.
Hace calor.
Hace sol.
Hace viento.
Hace buen tiempo.
Hace mal tiempo.
Llueve.

Preguntas

A. Seleccione la respuesta correcta.
1. La casa del Alcalde
   (a) está al lado de la plaza.
   (b) está a dos calles de la plaza.
   (c) está enfrente de la plaza.
2. En invierno en Valleverde
   (a) llueve mucho.
   (b) hace buen tiempo.
   (c) hace bastante frío.
3. La gente del pueblo trabaja en
   (a) la industria.
   (b) el campo.
   (c) el comercio.

B. Responda en español.
1. ¿Dónde está Valleverde?
2. ¿Dónde está la plaza?
3. ¿Quién es don Manuel Zamorano?
4. ¿De dónde es don José Díaz?
5. ¿Cómo son las casas de Valleverde?
6. ¿Cómo es Valleverde?
7. ¿Cómo es el tiempo en verano?
8. ¿Qué legumbres cultiva la gente?
9. ¿Qué animales crían?

10. ¿Por qué van los jóvenes a trabajar a la ciudad?
11. ¿Dónde está la casa de Filomena Guerra?
12. ¿Cómo es la vida en Valleverde?
13. ¿Adónde va Soledad de vez en cuando?
14. ¿Qué hacen las mujeres en el río?
15. ¿Cómo está el marido de doña Filomena? *enfermo*
16. ¿Qué hace la gente del pueblo los domingos?
17. ¿Dónde está la iglesia?
18. ¿Dónde está el cura hoy?
19. ¿Qué hacen los hombres después del trabajo?
20. ¿En qué calle está el Bar El Pollo?

Práctica oral

1. **Study this dialogue. Don José asks how to get to the Bar El Pollo.**
   A: ¿Dónde está el Bar El Pollo, por favor?
   B: El Bar El Pollo está en la Calle Mayor.
   A: ¿Está lejos?
   B: No, está cerca. Está a dos calles de aquí.
   A: Gracias.
   B: De nada.

Now imagine that you are a visitor in a town. You ask the receptionist at your hotel where various places are. He gives you the information you need and also gives you a plan of the town. These are his answers. What are your questions?

(a) A: .... *¿Dónde está el banco?* ....
    B: El Banco está en la Calle Calvo Sotelo, al lado de Correos.
    A: .... *¿Está cerca?* ....
    B: No, está un poco lejos. A unos veinte minutos de aquí.

(b) A: .... *¿...?* ....
    B: La Iglesia está en la Calle de Cologan, detrás del Mercado.
    A: .... *¿Está lejos?* ....
    B: No, está muy cerca de aquí.

(c) A: ....
    B: El Café Colón está en la Calle de Iriarte, frente a la Plaza Mayor.
    A: .... *Muchas gracias* ....
    B: De nada.

You've been in the town a few days now. You are standing at a corner of Plaza Mayor. Various people come up to you and ask you where places are. Refer to the plan and give the correct information.

49

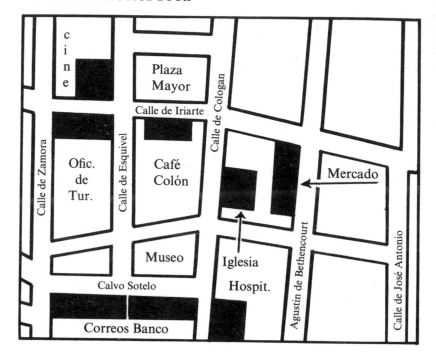

Choose the correct reply.

(a) A: ¿Dónde está el Hospital, por favor?
    B: El Hospital está
    (a) al lado del Banco.
    (b) entre el Banco y el Museo
    (c) frente al Banco. —

(b) A: ¿Dónde está el Mercado, por favor?
    B: El Mercado está
    (a) detrás de la Iglesia. —
    (b) frente a la Iglesia.
    (c) al lado de la Iglesia.

Answer the questions.

(a) A: ¿Dónde está Correos?
    B: (Say it's next to the bank.) *al lado del*
(b) A: Dónde está el Cine?
    B: (Say it's at the corner.) *en la esquina*
(c) A: ¿Dónde está la Oficina de Turismo?

B: (Say it's opposite the cinema, between Calle de Zamora and Calle de Esquivel.)

(d) A: ¿Dónde está el Museo?

B: (Say it's in Calle Calvo Sotelo, opposite the bank.)

A: ¿Está lejos?

B: (Say it's quite near. It's only two streets from here.)

2. **Study this dialogue. Don José goes to see padre Ambrosio.**

A: Buenos días. ¿Está el padre Ambrosio?

B: No, el padre Ambrosio no está aquí hoy.

A: ¿Dónde está?

B: Está en Valladolid.

A: ¿Y cuándo llega?

B: Llega mañana por la tarde.

A: Gracias.

B: De nada.

Now use these words to form similar dialogues.

(a) ¿Javier?/no/en Madrid/esta noche.

(b) ¿Doña Encarnación?/no/en la Iglesia/a las ocho.

(c) ¿Soledad?/no/en casa de una amiga/pronto.

(d) ¿Don Manuel?/no/en el bar/a la una.

(e) ¿Doña Filomena?/no/en el río/en seguida.

3. **Get together with another student and imagine yourselves in these situations:**

A friend of yours telephones

(*Use the familiar form*)

(a) Ask him how he is.

(b) Ask how his family is.

(*He asks how you are.*)

(c) Say you are very well.

(d) Say your mother is ill.

(e) Say she has a cold.

A friend wants to visit your part of the country. He wants to know about the weather.

(a) Say it's cold in winter, it rains a lot but in summer the weather is very nice and it's hot.

(b) Ask him what the weather is like in his country.

51

Práctica escrita

1. Read this note. It was written by Soledad to her mother.

Estoy en casa de maría.

Soledad.

Now imagine that you are staying with some Spanish friends. You go out and leave a note saying where you are. Use some of these ideas.
(a) En el cine.
(b) En la plaza.
(c) En la piscina.
(d) En la playa.
(e) En el bar.

2. Read this telegram. It was sent by Pepe and his brother, two students from Madrid, to their parents.

TELEGRAMA		
No. _488_ **Pal.** _19_ **día.** _2.IV.79_ **hora** _14:00_	**Ptas.** _350_	
INDICACIONES	**DESTINATARIO:** _Sr. Ignacio Pérez_ **SEÑAS:** _Avenida Colón 973_ **TELEFONO:** **DESTINO:** _Madrid_	
TEXTO: _Estamos en Valleverde. Mañana viajamos a Madrid Llegamos por la tarde. Abrazos._ _Pepe_		
SEÑAS DEL EXPEDIDOR	**NOMBRE:** _José Pérez_ **TELEF:** **DOMICILIO:** _Pensión Soto_ **POBLACION:** _Valleverde_	

Now use these ideas to write similar telegrams.
  (a) (Yo) en Barcelona/mañana Málaga/por la noche.
  (b) (Nosotros) en Sevilla/pasado mañana Valencia/por la mañana.
  (c) (Yo) en Toledo/el lunes Zaragoza/por la tarde.
  (d) (Nosotros) en Bilbao/el domingo San Sebastián/al mediodía.

3. Read this paragraph. It is a description of Valleverde.

Valleverde es un pueblo español. Está en la provincia de Zamora, en la región de León, cerca de la frontera con Portugal. Valleverde es un pueblo agrícola.

Now write similar descriptions of three other towns based on the information given below.
  (a) Muros—pueblo español—provincia de La Coruña—región de Galicia—cerca de Santiago de Compostela—pueblo pesquero.
  (b) San Sebastián—ciudad española—provincia de Guipúzcoa—País Vasco—cerca de la frontera con Francia—ciudad comercial y turística.
  (c) Alcalá de Henares—ciudad española—provincia de Madrid—región de Castilla La Nueva—cerca de Madrid—ciudad universitaria.

LA ESPAÑA CENTRAL

La zona geográfica más grande de España es la Meseta Central. En ella se encuentran las regiones de **Castilla La Vieja**, **Castilla La Nueva**, **Extremadura, León y Aragón**. Es una región de clima seco. Llueve muy poco y las temperaturas son muy extremas. Los inviernos son muy fríos y los veranos son muy calurosos. Debido a su clima, la vegetación es pobre y escasa y en los campos los animales tienen que viajar grandes distancias para encontrar alimento.

LA POBLACION

Los habitantes de la Meseta viven por lo general en pueblos o en ciudades medianas o pequeñas, cerca de algún río o en lugares donde existe agua.

Madrid, la capital, se encuentra en la Meseta Central. Otras ciudades importantes son **Valladolid, Salamanca, Burgos, León** y **Badajoz**.

LA MANCHA

Al Sur de la Meseta hay una comarca que se llama **La Mancha**. La Mancha es una gran llanura. El nombre de La Mancha es de origen árabe y significa *la seca*. En esta comarca, en efecto, llueve muy poco.

Una característica de los campos de La Mancha son sus viejos y pintorescos molinos de viento.

La capital de La Mancha es **Ciudad Real**. La historia de **Don Quijote** y sus aventuras están presentes en muchos de los pueblos y aldeas que rodean Ciudad Real.

LA CAPITAL ESPAÑOLA

Madrid, la ciudad más grande de la Meseta Central y la más grande de España, es un importante centro comercial, industrial, financiero y cultural. La capital está situada en el centro de una región agrícola. Sin embargo, en Madrid hay industrias importantes y muchas firmas españolas tienen sus oficinas centrales en Madrid.

MADRID VIEJO

Como el resto de España, Madrid es una ciudad de contrastes. La **Puerta del Sol** es el centro del viejo Madrid, con calles estrechas y plazas pequeñas y muy pintorescas. Este es el Madrid de los viejos bares, tabernas y teatros. Es también el Madrid de los vendedores de lotería y de tabacos.

No muy lejos de la Puerta del Sol está la **Plaza Mayor**. El domingo es siempre un día especial. Es el día en que los coleccionistas de sellos vienen a la Plaza Mayor para comprar, vender o intercambiar sellos.

El **Rastro** es un sector del viejo Madrid. El mercado de El Rastro es uno de los más antiguos y populares de la capital. Allí es posible comprar todo tipo de objetos usados, desde los más baratos hasta los más caros. Los domingos va mucha gente al mercado de El Rastro.

EL MADRID DE HOY

En contraste con el Madrid antiguo está el nuevo Madrid. En sus grandes avenidas hay tiendas elegantes, oficinas, cafés, restaurantes, cines, museos y bibliotecas.

Como en otras ciudades de España, muchos madrileños viven en pisos o apartamentos. Día a día aparecen nuevos edificios, supermercados, centros comerciales, escuelas y hospitales.

Uno de los problemas del Madrid moderno es su tráfico excesivo. Debido al gran número de vehículos es necesario construir más vías de acceso al centro de la ciudad y a los alrededores.

Las modernas construcciones del Madrid de hoy transforman inevitablemente el aspecto de la capital española.

Preguntas

1. ¿Cómo es el clima de la España Central?
2. ¿Cómo son los inviernos?
3. ¿Hace mucho calor en verano?
4. ¿Cómo es la vegetación? ¿Por qué?
5. ¿Dónde está La Mancha?
6. ¿Qué significa La Mancha?
7. ¿De qué origen es el nombre?
8. ¿Por qué es importante Madrid?
9. ¿Dónde está situado Madrid?
10. ¿En qué sector de Madrid está la Puerta del Sol?
11. ¿Dónde está la Plaza Mayor?
12. ¿Qué hay en El Rastro?
13. ¿Qué hay en las avenidas del Madrid moderno?
14. ¿Cuál es uno de los problemas del Madrid de hoy?

UN LUGAR DONDE VIVIR

Plau

Antonia Gutiérrez es de Murcia, pero ahora vive y trabaja en Alicante. Antonia es secretaria bilingüe en una firma de importaciones que está en el centro de la ciudad. Antonia quiere alquilar un piso cerca de su trabajo.

live   flat

Antonia alquila un piso

Antonia: Buenas tardes.

Empleado: Buenas tardes. Siéntese, por favor. ¿Qué desea?

Antonia: ¿Tienen Vds. pisos en el centro? Necesito un piso

58

pequeño, con un dormitorio solamente.

Empleado: Un momento, por favor . . . Sí, tenemos un piso con un dormitorio en la Calle La Verdad.

Antonia: ¿Calle La Verdad? ¿Dónde está?

Empleado: Está muy cerca del mercado, entre la Calle Real y la Calle Navarra. A unos quince minutos de aquí.

Antonia: Y el alquiler . . . ¿es muy caro?

Empleado: Son quince mil pesetas al mes, más un mes de depósito. Es un piso muy bonito y muy central.

Antonia: Tiene sala de estar, ¿no?

Empleado: Sí, sí, desde luego. Tiene sala de estar, baño y cocina. ¿Quiere verlo?

Antonia: Sí, por favor.

Empleado: ¿Cuál es su nombre?

Antonia: Antonia Gutiérrez.

Empleado: ¿Y su segundo apellido?

Antonia: Moreno.

Empleado: ¿Dónde vive Vd. ahora?

Antonia: Vivo en la Avenida Argentina No. 41.

Empleado: ¿Tiene teléfono?

Antonia: Sí, sí tengo. Es el treinta y cinco—sesenta y seis—nueve—veintiuno.

Empleado: ¿Dónde trabaja?

Antonia: Trabajo en Importaciones La Mundial.

Empleado: Nosotros necesitamos referencias. Vd. comprende, ¿verdad? ¿Cuál es la dirección de la firma, por favor?

5ᵗᵘ

Antonia: Está en la Avenida del Generalísimo No. 81, quinto piso.
¿Necesita Vd. el número de teléfono?
Empleado: No, no es necesario. Aquí tiene Vd. la dirección exacta del
piso. Calle La Verdad No. 580. El conserje está allí todo el
día. El tiene la llave.
Antonia: Muchas gracias. Hasta luego.
Empleado: De nada, señorita. Adiós.

Vocabulario

vivir	*to live*
trabajar	*to work*
alquilar	*to rent*
un piso	*a flat/floor (of a building)*
necesitar	*to need*
el dormitorio	*bedroom*
el alquiler	*rent*
al mes	*monthly*
la sala de estar	*sitting room*
el baño	*bathroom*
la cocina	*kitchen*
el nombre	*name*
el apellido	*surname*
la dirección	*address*
el conserje	*caretaker*
la llave	*key*

Notas

Here are some useful ways of
1. **Saying that something is available or not available**
Tenemos un piso con un dormitorio en la Calle La Verdad.
Tengo teléfono.
No tengo teléfono.
2. **Asking if something is available or not**
¿*Tiene* Vd. teléfono?
¿*Tienen* Vds. pisos en el centro?
3. **Saying where you live**
Vivo en la Avenida Argentina No. 41.
4. **Saying where someone lives**
Antonia *vive* en Alicante.

5. **Asking where a person lives**
   ¿*Dónde vive* Vd.?
   ¿*Dónde vive* Antonia?
6. **Saying what your telephone number is**
   Mi teléfono es el treinta y cinco—sesenta y seis—nueve—veintiuno.
7. **Asking what someone's telephone number is**
   ¿*Cuál es su número de teléfono*?
   ¿*Cuál es tu número de teléfono*?
   ¿*Cuál es el número de teléfono de* Antonia?
8. **Asking someone's name in a more formal way**
   ¿*Cuál es su nombre*?
   (*Mi nombre es* Antonia Gutiérrez o *Me llamo* Antonia Gutiérrez)
9. **Talking about numbers**
   Tiene *un* dormitorio.
   Tiene *dos, tres, cuatro, cinco,* etc. habitaciones.
10. **Inquiring about numbers**
    ¿*Cuántos* dormitorios tiene?
    ¿*Cuántas* habitaciones tiene?

Preguntas

A. Seleccione la respuesta correcta.
   1. Antonia quiere
      (a) comprar un piso.
      (b) vender un piso.
      (c) alquilar un piso.
   2. El piso de la Calle La Verdad tiene
      (a) dos habitaciones.
      (b) una habitación.
      (c) cuatro habitaciones.

B. Responda en español.
   1. ¿En qué ciudad vive Antonia?
   2. ¿Dónde está la firma de importaciones?
   3. ¿Dónde está la Calle La Verdad?
   4. ¿Está lejos?
   5. ¿Cómo es el piso?
   6. ¿Cuáles son las habitaciones?
   7. ¿Cuáles son los apellidos de Antonia?
   8. ¿Dónde vive Antonia?

9. ¿Tiene teléfono?
10. ¿Cuál es la dirección exacta del piso?
11. ¿Quién tiene la llave?

Práctica oral

1. **Study this dialogue. It's part of a conversation with Antonia.**

A: ¿Cuál es su nombre, por favor?
B: Me llamo Antonia Gutiérrez.
A: ¿Cuál es su dirección?
B: Avenida Argentina No. 41.
A: ¿Tiene teléfono?
B: Sí, sí tengo.
A: ¿Cuál es el número?
B: Es el treinta y cinco—sesenta y seis—nueve—veintiuno.

Now use the information in these forms to make up similar dialogues. Practise with another student.

Nombre: Alfonso
Apellidos: Vargas
  Ruiz
Dirección: Calle Sur
  No. 628, Valencia
No. de Telef:
  711.94.98
	Nombre: Emilia
	Apellidos: Marín
	  Villanueva
	Dirección: Calle Valle
	  No. 45, Benidorm.
	No. de Telef:
	  527.78.13

Now complete this form and the dialogue with information about yourself.

Nombre: .... **Apellido:** .... **Dirección:** .... **No. de Teléf:**	A: ¿Cuál es su nombre? B: .... A: ¿Cuál es su dirección? B: .... A: ¿Tiene teléfono? B: .... A: (¿Cuál es el número?) B: ....

2. Study this dialogue. It's part of a conversation between two young people who have just met.

A: ¿Dónde vives?
B: Vivo en la Calle Real No. 75.
A: ¿Tienes teléfono?
B: Sí, es el setecientos ochenta—cuarenta y siete—dieciséis.

Here's a similar dialogue.

A: ¿Cuál es tu dirección?
B: Calle Navarra No. 17.
A: ¿Tienes teléfono?
B: No, no tengo.

You meet someone at a party.

A: (Ask where he (or she) lives.)
B: Vivo en la Calle Mayor No. 55.
A: (Ask if he (or she) has a telephone.)
B: Sí, sí tengo.
A: (Ask what the number is.)
B: Es el cuarenta y tres—trece—diez.

You've been invited to someone's house.

A: (Ask what his (or her) address is.)
B: Avenida Argentina No. 97.
A: (Ask where Avenida Argentina is.)
B: Está cerca de la Plaza España.
A: (Ask if it is far.)
B: No, está cerca. Está a diez minutos de aquí.
A: (Ask if he (or she) has a telephone.)
B: No, no tengo.

3. Study the advertisements overleaf.

Now imagine that you have rented or bought one of these places. You receive a phone call from a friend who wants to find out about your new home. Answer his questions by referring to the advertisements.

A: ¿Cuántas habitaciones tiene?
B: ....
A: ¿Cuántos dormitorios tiene?
B: ....
A: ¿Cuántos cuartos de baño tiene?
B: ....

A: ¿Tiene salón?

B: ....

A: ¿Tiene terraza?

B: ....

A: ¿Cómo es la cocina?

B: ....

A: ¿Tiene garage?

B: ....

A: ¿Hay piscina?

B: ....

A: ¿Hay jardín?

B: ....

4. Get together with another student and imagine yourselves in these situations:

You want to rent an apartment in Spain for the summer. You see an advertisement and decide to telephone the owner.

(a) Ask if it is near the beach.   *Esta cerca de la playa*

(b) Ask on which floor it is.   *En que piso esta*

(c) Ask how many rooms it has.

(d) Ask if it has a terrace.

(e) Ask if there is a garden.

(You want to see the apartment.)   *Quiero verlo*

(f) Ask what the address is.   *La direccion*

You decide to let your house while you are away on holiday. Someone telephones to ask you about the house.

(a) Say where your house is exactly.

(b) Say if it has more than one floor.

(c) Say how many rooms it has.

(d) Say what the rooms are.

(e) Say if it has a garden and how big it is.

(f) Say if there is a garage.

Práctica escrita

1. The **ACADEMIA DE IDIOMAS INTERNACIONAL** offers language courses for foreign students. Students of different nationalities come here during the summer to learn Spanish. Recently, some students advertised in one of the local papers. Read the advertisements.

ESTUDIANTE EXTRANJERO NECESITA ALQUILAR
Habitación amueblada en el centro. Mínimo tres meses. Escribir a H. Kunst, Academia de Idiomas Internacional, Avenida Las Naciones No. 121.

ESTUDIANTES INGLESES DESEAN ALQUILAR
Apartamento o piso pequeño en las afueras de la ciudad, de preferencia cerca de la playa. Importante buen transporte. Llamar al teléfono 432.12.58, entre 14,00 y 16,00 horas.

Now imagine that you need accommodation in Spain. First tick off the type of accommodation you would like to have and then write a similar advertisement for a newspaper.

1. Un piso	☐	Cerca de la playa	☐
Una casa	☐	Frente a la playa	☐
Un apartamento	☐	3. Amueblado	☐
Una habitación	☐	No amueblado	☐
2. En el centro	☐		
Cerca del centro	☐	4. Con calefacción	☐
En las afueras	☐	Con aire acondicionado	☐

2. A number of people have written to the ACADEMIA DE IDIOMAS INTERNACIONAL offering to let rooms to foreign students. The school wrote to all prospective landlords and landladies and sent this questionnaire in order to assess the type of accommodation which was offered. Read the questionnaire opposite.

Ana Flores Rojas answered the questionnaire and also sent a letter describing her flat. Read the letter.

Sr. Director
Academia de Idiomas Internacional
Avenida Las Naciones 121
Alicante

Alicante, 23 de julio de 1979

Muy Sr. mío: En respuesta a su carta del 18 de julio, le envío más información sobre el piso que tengo para alquilar.
El piso está en la Calle Carlos V No. 100. Tiene cinco habitaciones: dos dormitorios, un salón-comedor, una cocina y un cuarto de baño. Además, tiene calefacción de gas y agua caliente. Cerca del piso hay todo tipo de tiendas. También hay un supermercado, una oficina de Correos y un banco. El transporte en el barrio es excelente. Hay un buen servicio de autobuses hacia el centro. El piso está disponible desde el 1 de agosto.

Le saluda atentamente,

Ana Flores Rojas

Nombre .... Apellidos ....
Dirección .... Barrio ....
No. de teléfono ....
Tipo de vivienda
     Piso ☐
     Casa ☐
     Apartamento ☐
     Habitación ☐
Número de habitaciones ....
¿Tiene calefacción?   *sí/no*
Tipo de calefacción
     Central ☐
     De gas ☐
     Eléctrica ☐
¿Hay tiendas cerca?   *sí/no*
¿Hay servicios públicos?   *sí/no*
     Correos ☐
     Bancos ☐
     Hospital ☐
     Biblioteca ☐
¿Cómo es el transporte?
     Excelente ☐
     Bueno ☐
     Regular ☐
     Malo ☐
Tipo de transporte
     Autobuses ☐
     Metro ☐
     Ferrocarril ☐

Now imagine that you want to let your house or flat. First answer the questionnaire and then write a letter similar to the one on page 66 describing the type of accommodation. Add further information if you wish.

CATALUÑA Y LEVANTE

OCHO

CATALUÑA

En el Noreste de España, al Sur de los Pirineos y junto al Mediterráneo, se encuentra la región de **Cataluña**. Cataluña es una región muy poblada y la mayor parte de sus habitantes vive cerca de la costa, especialmente alrededor de Barcelona.

Los habitantes de esta región se llaman **catalanes** y su idioma regional es el **catalán**. Los catalanes son un pueblo orgulloso de su idioma, su historia, su literatura y sus tradiciones.

BARCELONA

Barcelona es la ciudad más grande de Cataluña. Es uno de los puertos más importantes del Mediterráneo. Barcos de todas las naciones embarcan y desembarcan mercancías en el puerto de Barcelona.

Barcelona es una ciudad muy atractiva y cosmopolita y es, además, un importante centro cultural, con excelentes teatros, museos y ópera.

La parte más antigua de Barcelona está alrededor de la Catedral y del Ayuntamiento. Este es el **Barrio Gótico**. En este sector de la ciudad, de calles estrechas, hay viejas iglesias y palacios que datan del siglo XV.

EL COMERCIO Y LA INDUSTRIA

Barcelona es la segunda ciudad más grande de España. Es un puerto industrial y comercial. Una gran parte de los habitantes de Barcelona trabajan en la industria. Esta industria es un foco de atracción para mucha gente de otras ciudades y pueblos de Cataluña y también del resto de España, que vienen a Barcelona en busca de mejores condiciones de vida.

LA AGRICULTURA

Cataluña es también una región agrícola. En sus campos se cultiva principalmente **trigo, olivo** y **vid**. La vid es importante y en algunas zonas se elaboran vinos y licores de muy buena calidad.

EL TURISMO

El turismo es también una actividad importante en la región de Cataluña. Su clima templado atrae a gran número de visitantes extranjeros y de otras partes de España, especialmente durante la temporada de verano. La **Costa Brava**, en la provincia de Gerona, es famosa por sus playas.

LEVANTE

Al Sur de Cataluña, en la costa del Mediterráneo, se encuentra la región de **Levante**. Allí están las provincias de **Castellón**, **Valencia**, **Alicante** y **Murcia**. En las tres primeras se habla **valenciano**, que es una variante del idioma catalán.

Como en la región de Cataluña, el clima de Levante es mediterráneo. En la provincia de Murcia, por estar más al sur, el clima es más caluroso y más seco.

LA AGRICULTURA Y LA INDUSTRIA

En la región de la costa, especialmente alrededor de la ciudad de Valencia, hay muchas huertas. Allí se cultivan frutas y legumbres. En la región de Valencia se cultiva mucho **arroz**. Valencia es también famosa por sus **naranjas** y sus **limones**, que se exportan a otros países de Europa. Las **cebollas** y los **tomates** son productos importantes en esta región.

La industria conservera tiene gran importancia en Levante. A estas industrias se llevan las legumbres y con ellas se elaboran conservas vegetales que luego se envían a diferentes partes de España y al extranjero.

Preguntas

1. ¿Cómo se llaman los habitantes de Cataluña?
2. ¿Cómo se llama el idioma de esta región?
3. ¿Dónde vive la mayor parte de los habitantes?
4. ¿Cómo es Barcelona?
5. ¿Por qué es importante?
6. ¿Cómo se llama el sector viejo de la ciudad?
7. ¿Cómo son las calles en este sector?
8. ¿En qué trabajan los habitantes de Barcelona principalmente?
9. ¿Qué se cultiva en Cataluña?
10. ¿Cómo es el clima de esta región?
11. ¿Dónde está la Costa Brava?
12. ¿Por qué es famosa?

---

1. ¿Dónde está la región de Levante?
2. ¿Qué es el valenciano?
3. ¿Cómo es el clima de esta región?
4. ¿Qué hay alrededor de la ciudad de Valencia?
5. ¿Qué se cultiva allí?
6. ¿Por qué es famosa Valencia?
7. ¿Qué otros productos importantes hay?
8. ¿Qué industria importante hay en Levante?
9. ¿Qué se hace con las legumbres?
10. ¿Adónde se envían?

BUSCO TRABAJO

Josefa es de un pequeño pueblo de Galicia llamado Villalba. Josefa tiene diecisiete años. Como muchas otras muchachas de su pueblo, Josefa se marcha un día a Madrid en busca de trabajo.

Josefa: Buenos días. Vengo por el anuncio en el periódico.

Señora: ¡Ah sí! Pase, por favor. Siéntese. (Gracias). ¿Cómo se llama Vd.?

SERVICIO DOMESTICO

a) Ofrezco

SE necesita cocinera con experiencia. Ayala. 24 (mañana de 10 a 12.30)
NECESITO persona todo interna Sueldo convenir 4578881.
ASISTENTAS necesitamos Buenos sueldos. 2225135 2261515
MATRIMONIO necesita chica 15.000 Tres Cruces. 12. 5.º A. (Metro José Antonio)
URGEME chica sin cocina. 14.000. José Antonio. 80.
SEÑORITAS de pueblo y Madrid. Merche coloca gratis. visítanos. José Antonio. 80.

Josefa: Josefa Miranda, señora.

Señora: ¿Y cuántos años tiene?

Josefa: Tengo diecisiete años. Cumplo dieciocho en agosto.

Señora: ¡Eres muy joven! No estás casada, ¿verdad?

Josefa: No, no. Estoy soltera.

Señora: ¿Eres de Madrid?

Josefa: No, soy de Villalba. Está cerca de Lugo

Señora: Sí, sí conozco Lugo. Tengo unos amigos allí. ¿Y en qué trabajas ahora?

Josefa: Pues, de momento estoy sin trabajo.

Señora: ¿Tienes informes?

Josefa: Sí, aquí traigo una carta de . . .

Señora: Bien. Necesito una persona para los niños y para la cocina. Sabes cocinar, ¿no?

Josefa: Sí, sí sé. ¿Cuántos niños son?

Señora: Dos. Tengo dos chicos. El mayor tiene seis años y el menor tiene cuatro.

Josefa: Y el sueldo, ¿cuánto es?

Señora: El sueldo es de quince mil pesetas al mes y tres semanas de vacaciones al año. Además, tienes libres los domingos y una tarde cada semana. ¿De acuerdo?

Josefa: Sí, está bien.

Señora: ¿Cuándo puedes empezar?

Josefa: El lunes.

Señora: De acuerdo. Hasta el lunes, entonces.

Josefa: Hasta el lunes.

David es inglés. David tiene veintiocho años, vive en Madrid y está casado con una muchacha española. David trabaja como traductor e intérprete. En uno de los periódicos madrileños David lee un anuncio. Necesitan traductores.

TRABAJO

OFERTAS

SE necesitan traductores nativos inglés a comisión. 2214127. Madrid.

NECESITO profesores nativos inglés y francés, para clases particulares, en Majadahonda. Llamar, mañanas, señor Hernando, 447 76 50.

Recepcionista: Comercial Madrid, ¿dígame?

David: Buenos días. Llamo por el anuncio en el ABC de esta mañana.

Recepcionista: Sí. Un momento, por favor.

(*La recepcionista llama al Jefe de Personal.*)

Jefe de Personal: Buenos días. ¿Diga?

David: Llamo por el anuncio en el ABC.

Jefe de Personal: Ah, sí. Vd. es traductor, ¿verdad?

David: Sí, soy traductor e intérprete.

Jefe de Personal: ¿Es Vd. inglés o americano?

David: Soy inglés, pero ahora vivo en Madrid. Estoy casado con una española.

Jefe de Personal: ¿Tiene Vd. experiencia en traducción comercial?

David: Sí, sí. Tengo bastante experiencia.

Jefe de Personal: Bien. ¿Cómo se llama Vd.?

David: Me llamo David Brown.

Jefe de Personal: ¿Y cuántos años tiene Vd., señor Brown?

David: Tengo veintiocho años.

Jefe de Personal: ¿Tiene teléfono aquí en Madrid?

David: No, desgraciadamente no tengo.

Jefe de Personal: Deme su dirección, entonces, para ponerme en contacto con usted.

David: Vivo en la Calle Puerto Rico 396.

Jefe de Personal: Bien. Muchas gracias por llamar. Y como digo, yo me pongo en contacto con usted. Dentro de una semana, más o menos.

David: Muy amable, gracias. Adiós.

Jefe de Personal: De nada. Adiós.

Vocabulario

en busca de	*in search of*
venir	*to come*
cumplo dieciocho en agosto	*I'll be 18 in August*
estar casado	*to be married*
estar soltero	*to be single*
conocer	*to know*
los informes	*references*
traer	*to bring*
¿sabes cocinar?	*do you know how to cook?*
el mayor	*oldest*
el menor	*youngest*
el sueldo	*salary*
empezar	*to begin*
el traductor	*translator*
desgraciadamente	*unfortunately*
ponerse en contacto	*to get in touch*
dentro	*within*

Notas

Here are some useful ways of

1. **Saying how old you are**
   Tengo diecisiete años.
   Tengo veintiocho años.

2. **Talking about other people's age**
   Josefa *tiene* diecisiete años.
   David *tiene* veintiocho años.

3. **Asking how old a person is**
   ¿Cuántos años tiene Vd.?
   ¿Cuántos años tienes tú?
   ¿Cuántos años tiene Josefa?
   ¿Cuántos años tiene David?

4. **Saying whether you are single or married**
   Estoy soltero (a).
   Estoy casado (a).

5. **Talking about other people's marital status**
   Josefa *está soltera*.
   David *está casado con* una española.

6. **Asking if a person is single or married**
   ¿Está Vd. *casado?*
   ¿Está Vd. *casado o soltero?*
   ¿Estás casado?
   ¿Estáis casados?
   ¿Está casada Josefa?
7. **Saying what your occupation is**
   Soy traductor e intérprete.
8. **Talking about other people's occupations**
   David *es* traductor.
   Ellos *son* estudiantes.
9. **Saying where you work**
   Trabajo en Madrid.
10. **Saying where other people work**
    David *trabaja* en Madrid.
    David y su mujer *trabajan* en Madrid.
11. **Asking about someone's job**
    ¿Cuál es su ocupación?
    ¿En qué trabaja Vd.?
    ¿En qué trabajas tú?

Preguntas

A. Seleccione la respuesta correcta.
  1. Josefa vive
     (a) en Lugo.
     (b) en Villalba.
     (c) en Madrid.
  2. En agosto Josefa cumple
     (a) diecisiete años.
     (b) dieciocho años.
     (c) diecinueve años.
  3. David trabaja
     (a) en un periódico madrileño.
     (b) en Comercial Madrid.
     (c) como traductor e intérprete.
  4. David está casado con
     (a) una americana.
     (b) una española.
     (c) una inglesa.

B. Responda en español.

(a) 1. ¿Por qué va Josefa a Madrid?
2. ¿Está soltera o casada?
3. ¿En qué trabaja ahora?
4. ¿Sabe cocinar?
5. ¿Cuántos niños tiene la señora?
6. ¿Cuántos años tiene el mayor?
7. ¿Cuántos años tiene el menor?
8. ¿Cuánto es el sueldo?
9. ¿Tiene vacaciones?
10. ¿Cuándo empieza Josefa a trabajar?

(b) 1. ¿Cuántos años tiene David?
2. ¿Cuál es su ocupación?
3. ¿Tiene experiencia en traducción comercial?
4. ¿Cuál es su dirección en Madrid?
5. ¿Tiene teléfono?

Práctica oral

1. Study this dialogue. David is being interviewed for a job.
A: ¿Cómo se llama Vd.?
B: Me llamo David Brown.
A: ¿Cuántos años tiene?
B: Tengo veintiocho años.
A: ¿Está soltero o casado?
B: Estoy casado.
A: ¿En qué trabaja?
B: Soy traductor.
Trabajo en una agencia de traducciones.

Nombre	Francisca	Emilio	Remedios
Apellidos	Solís Campos	Vega Salas	Castillo Comba
Edad	19 años	24 años	34 años
Estado civil	soltera	soltero	casada
Ocupación	secretaria	obrero	médico
Lugar de trabajo	agencia de viajes	fábrica	hospital

Now use the information in these charts to make up similar dialogues.
Practise with another student.

Nombre	Augusto	Jesús	Mari Carmen
Apellidos	Castro Saez	Alvarez Paz	Barros García
Edad	52 años	45 años	27 años
Estado civil	casado	soltero	casada
Ocupación	ingeniero	abogado	profesora
Lugar de trabajo	industria	banco internacional	instituto femenino

2. Francisca Solís is now a bilingual secretary. Before she started her job
she had to fill in an application form and attend an interview. Here's the
form Francisca had to fill in.

> *confidencial*
>
> Nombre .... FRANCISCA ....
> Apellidos .... SOLÍS CAMPOS ....
>
> Nacionalidad .... ESPAÑOLA ....
> Edad .... 19 AÑOS ......
> Fecha de
> nacimiento día 17 .... mes SEPT. año 1959 ....
> Lugar de
> nacimiento .... AVILA ....
> Estado civil .... SOLTERA ....
> Ocupación .... SECRETARIA ....
> Dirección .... CALLE ZAMORA No. 171 ......
> .... MADRID. ....
> Número de casa: 675.14.80 ....
> teléfono trabajo: 114.86.79 ......
> Fecha .... 23 DE JULIO DE 1979 ......
>
> *Francisca Solís C.*
> **Firma**

Now study this dialogue. It's part of the interview attended by Francisca.

A: ¿Cuántos años tiene Vd.?
B: Tengo diecinueve años.
A: ¿Cuándo cumple veinte años?
B: El 17 de septiembre.

LOS MESES

ENERO	FEBRERO	MARZO	ABRIL
MAYO	JUNIO	JULIO	AGOSTO
SEPTIEMBRE	OCTUBRE	NOVIEMBRE	DICIEMBRE

SEPTIEMBRE						
Lunes	Martes	Miércoles	Jueves	Viernes	Sábado	Domingo
				1	2	3
4	5	6	7	8	9	10
11	12	13	14	15	16	⑰
18	19	20	21	22	23	24
25	26	27	28	29	30	

Now imagine that you are interviewing people for a job. Ask the correct questions.

(a) A: ....
B: Tengo treinta y ocho años.
A: ....
B: Cumplo treinta y nueve
el 5 de abril.

(b) A: ....
B: Tengo veintitrés años.
A: ....
B: Cumplo veinticuatro
el 28 de diciembre.

80

(c) A: ....

   B: Tengo dieciocho años.

   A: ....

   B: Cumplo diecinueve
      el 13 de febrero.

This time *you* are being interviewed.

   A: ¿Cómo se llama Vd.?

   B: (Say your name.)

   A: ¿Cuántos años tiene?

   B: (Say how old you are.)

   A: ¿Está Vd. casado(a) o soltero(a)?

   B: (Say whether you are single or married.)

   A: ¿Cuál es su ocupación?

   B: (Say you are an interpreter.)

   A: ¿Dónde trabaja?

   B: (Say you work in Brussels.)

3. Study this dialogue. Two friends of Josefa's are talking about her.

   A: ¿Cuántos años tiene Josefa?

   B: Tiene diecisiete años.

   A: ¿Y cuándo es su cumpleaños?

   B: Su cumpleaños es el 14 de agosto.

A friend is asking you about your parents. Answer his questions.

(a) A: ¿Cuántos años tiene tu padre?

   B: ....

   A: ¿Y cuándo es su cumpleaños?

   B: ....

(b) A: ¿Cuántos años tiene tu madre?

   B: ....

   A: ¿Y cuándo es su cumpleaños?

   B: ....

A young neighbour is talking to you.

   A: ¿Cuántos años tienes?

   B: ....

   A: ¿Cuándo es tu cumpleaños?

   B: ....

81

4. Get together with another student and imagine yourselves in this situation:

A friend is talking to you about his fiancée. Ask him:

(a) What her name is.
(b) How old she is.
(c) What work she does.
(d) Where she works.

Práctica escrita

1. Read this information about Josefa's family.

EL PADRE	
Nombre	Luis Miranda
Edad	50 años
Ocupación	agricultor

LA MADRE	
Nombre	Eusebia Matute
Edad	45 años
Ocupación	ama de casa

LOS HERMANOS					
Nombre	Miguel	María	Rosario	Pablo	Agustín
Edad	8 años	9 años	12 años	15 años	20 años

Now read this description of Josefa's family.

El padre de Josefa se llama Luis Miranda, tiene cincuenta años, es agricultor y está casado con Eusebia Matute. La madre de Josefa tiene cuarenta y cinco años y es ama de casa. Josefa tiene cinco hermanos. Se llaman Miguel, María, Rosario, Pablo y Agustín. El menor es Miguel y tiene ocho años. Agustín es el mayor y tiene veinte años.

Now read this information about Juan's family. Juan is a friend of Josefa's. He's twenty-one years old.

EL PADRE	
Nombre	Benjamín Aguirre
Edad	56 años
Ocupación	mecánico

LA MADRE	
Nombre	Rosa Vergara
Edad	54 años
Ocupación	ama de casa

LOS HERMANOS			
Nombre	Roberto	Dolores	Carmen
Edad	14 años	17 años	22 años

Write a paragraph describing Juan's family. Follow the model above.

2. Read this extract from a letter written by Josefa to a penfriend.

Me llamo Josefa. Tengo diecisiete años. Mi padre se llama Luis y tiene cincuenta años. El es agricultor. Mi madre se llama Eusebia y tiene cuarenta y cinco años. Ella es ama de casa. Yo tengo cinco hermanos. Se llaman Miguel, María, Rosario, Pablo y Agustín. El menor es Miguel y tiene ocho años. Agustín es el mayor y tiene veinte años.

Now imagine that you are writing to a penfriend. Describe your own family.

83

3. Read this paragraph. It was written by Josefa's father.

Me llamo Luis Miranda, tengo cincuenta años, soy agricultor y trabajo en Villalba. Estoy casado con Eusebia Matute. Mi mujer tiene cuarenta y cinco años. Es ama de casa. Tenemos seis hijos.

Now imagine that you are married and have children. Write a similar paragraph about yourself.

4. Read this advertisement.

VENDEDOR
TRABAJO
INMEDIATO

Para Barcelona capital así como para cualquier plaza de toda Cataluña. Producto auténticamente único y sin competencia

— Si es usted ambicioso.
— Si es usted dinámico.
— Si se considera usted un profesional.
— Si usted desea ganar más de 75.000 ptas. al mes.

Interesados dirigirse por escrito
**al apartado de Correos
82.231 de Madrid**

Now read this letter written by someone who answered the advertisement.

Director de Personal
Apartado 82.231
Madrid   *Madrid, 20 de octubre de 1979*

Muy señor mío: En respuesta a su anuncio en La Estrella del día 18 de octubre, deseo solicitar la plaza de vendedor. Para su información, adjunto detalles de mis aptitudes y experiencia.

Le saluda atentamente,

Diego Ortíz C.

Now write a similar letter in answer to *one* of these advertisements.
(*Diario ABC, 5 de abril*)

PROMOTOR DE VENTAS

SE REQUIERE:
- Edad de 22 a 30 años. Nivel cultural medio. Vehículo propio. Dispuesto a viajar.

SE OFRECE:
- Asignación fija, premios, gastos de viaje. Producto de primera línea en el mercado. Posibilidades de promoción.

Interesados escriban con historial a: «Eupacsa». Carretera de Villarreal, kilómetro 55,5. Onda (Castellón)

¿QUIERES SER MODELO?

Si tienes más de 1,70m. de estatura, si tienes entre 18 y 48 años, escríbenos a **Calle Goya 921, Madrid**.

Importante empresa internacional de publicidad precisa

SECRETARIA DIRECCION

- Se necesita un perfecto conocimiento del inglés y del español, dominar la taquimecanografía, poseer un nivel cultural alto y tener amplia experiencia en puestos similares.
- Remuneración anual del orden de 730.000 pesetas.
- Absoluta reserva colocadas.

Llamar al teléfono 234 32 47 para concertar entrevista, o escribir adjuntando historial a

 Factor Humano, S.A.

Los temas de personal, personalizados.

Avda .del Gral. Perón. 6 - 9ª. Madrid - 20.

(656.363.)

85

GALICIA Y EL PAIS VASCO

DIEZ

GALICIA

Galicia es una región en la costa Noroeste de la Península Ibérica. Es una región de montañas y de fértiles valles. De clima templado y húmedo. Es la región más lluviosa de España.

Los habitantes de Galicia se llaman **gallegos** y **gallego** es también el nombre del idioma regional. El gallego se habla principalmente en los pueblos más pequeños y en las aldeas. En las ciudades su importancia es menor.

Uno de los aspectos más atractivos de esta región es su costa recortada que forma numerosos estuarios o **rías** donde hay abundancia de peces y mariscos.

La pesca es una actividad importante en Galicia. Desde los principales puertos gallegos el pescado se lleva a las industrias de conserva o directamente a los mercados de las grandes ciudades del interior.

Vigo y **La Coruña** son puertos pesqueros. En el puerto de **Ferrol** hay importantes astilleros donde se construyen barcos para la pesca y para la marina española.

LA AGRICULTURA Y LA GANADERIA

El clima de Galicia es ideal para el cultivo y para la cría de animales. El maíz, la patata y el centeno son los principales productos agrícolas. En los campos de Galicia se crían vacas y cerdos. Su carne se envía a ciudades como Madrid y Barcelona.

LA POBLACION

Como en otras partes de España, los habitantes de esta región viven principalmente en la costa. **La Coruña** y **Vigo** son las dos ciudades más grandes de Galicia. En el interior la gente vive en aldeas, a veces muy pequeñas. Allí se dedican preferentemente a la agricultura.

El campo de Galicia está muy dividido y hay un gran número de pequeños propietarios. En sus campos cultivan sólo lo necesario para alimentarse ellos y su familia.

EMIGRANTES

Debido a la falta de trabajo, mucha gente tiene que emigrar. En Sudamérica, especialmente en la Argentina, hay un gran número de gallegos. Otros emigran a países como Alemania, Francia y Suiza, donde trabajan en industrias, hoteles y otros servicios. Sin embargo, actualmente muchos emigrantes de Galicia y de otras regiones están volviendo a España. Algunos vuelven a sus pueblos de origen, otros van a las ciudades. Muchos de ellos tienen su casa o su piso comprado con los ahorros de su trabajo en el extranjero. La razón de su regreso es la crisis económica que vive Europa y la falta de trabajo. Pero no todos tienen suerte al volver a España. La mayoría no son jóvenes y es difícil encontrar trabajo. Algunos vuelven a emigrar.

EL PAIS VASCO

Al pie de los Pirineos, a ambos lados de la frontera con Francia, se halla el **País Vasco**. Además del castellano, en el sector español de esta región se habla el idioma **vascuence o euskera,** como lo llaman sus habitantes. El vascuence se habla principalmente en las aldeas o pueblos más pequeños.

Tal como los catalanes, los vascos son un pueblo orgulloso de su cultura y de su región. Los vascos resienten el control político y económico de Madrid.

BILBAO Y SAN SEBASTIAN

Bilbao, junto al **río Nervión,** es la ciudad más grande del País Vasco y una de las mayores ciudades de España. Es un importante centro industrial y comercial. En contraste con el aspecto gris de esta ciudad está **San Sebastián.** San Sebastián es una pintoresca ciudad, muy popular como centro de vacaciones, que atrae a miles de turistas españoles y extranjeros durante el verano.

LA MINERIA Y LA INDUSTRIA

El País Vasco es una región rica en minas. En la **provincia de Viscaya** hay grandes yacimientos de mineral de hierro. El hierro se elabora y se usa industrialmente en la fabricación de herramientas, instrumentos y todo tipo de maquinaria. Casi el 50 por ciento de la población del País Vasco trabaja en la minería y en la industria.

Otra actividad importante en esta región es la pesca. **Bermeo** es un importante puerto pesquero en la provincia de Viscaya. Los pescadores vascos viajan grandes distancias para pescar el bacalao.

Preguntas

1. ¿Dónde está Galicia?
2. ¿Cómo es su clima?
3. ¿Llueve mucho?
4. ¿Cómo se llaman los habitantes de esta región?
5. ¿Cómo se llama el idioma que hablan?
6. ¿Dónde se habla principalmente?
7. ¿Por qué son importantes Vigo y La Coruña?
8. ¿Qué hay en Ferrol?
9. ¿Qué se construye allí?
10. ¿Qué productos agrícolas se cultivan en Galicia?
11. ¿Qué animales se crían?

89

12. ¿Qué se hace con la carne?
13. ¿Dónde viven los habitantes de Galicia principalmente?
14. ¿A qué se dedica la gente en el interior?
15. ¿Por qué emigra la gente?
16. ¿Adónde emigran?
17. ¿En qué trabajan los emigrantes principalmente?

---

1. ¿Dónde se halla el País Vasco?
2. ¿Cuál es el idioma de esta región?
3. ¿Dónde se habla principalmente?
4. ¿Cómo se llaman los habitantes del País Vasco?
5. ¿Por qué es importante Bilbao?
6. ¿Es una ciudad atractiva?
7. ¿Cómo es San Sebastián?
8. ¿Por qué es popular?
9. ¿Qué mineral hay en Viscaya?
10. ¿Qué se hace con este mineral?
11. ¿En qué trabajan muchos de los habitantes de esta región?
12. ¿Qué otra actividad importante hay?
13. ¿Qué puerto pesquero importante hay en Viscaya?
14. ¿Por qué viajan grandes distancias los pescadores vascos?

DIA DE MERCADO

No lejos de Toledo, en la región de **Castilla La Nueva**, situado en lo alto de una colina, hay un pueblo que se llama **Montegrande**. Montegrande tiene hoy casi dieciocho mil habitantes. Es un pueblo antiguo y como en muchos otros pueblos de esta región de España, los habitantes de Montegrande llevan una vida tranquila y ordenada.

Para la gente del pueblo y para los campesinos y habitantes de los pueblos vecinos, el jueves es un día importante en Montegrande. Es día de mercado. El mercado de

93

Montegrande es famoso en la región.

De madrugada llega la gente a la Plaza del Mercado. Mujeres, hombres y niños. Vienen en tren, en autobús, en camiones y coches.

También en mulas y burros. Desde el campo traen productos para vender en el mercado. En las tiendas de Montegrande compran las cosas que necesitan para la semana.

Don Ventura viene por primera vez al mercado. El trae cebollas y ajos para vender. Don Ventura no sabe dónde está la Plaza del Mercado.

Don Ventura: ¿Dónde está la Plaza del Mercado?
Señora: Está detrás de la estación.
Don Ventura: Gracias.
Señora: De nada.

En la plaza la gente instala sus puestos. Agustina Huerta tiene un puesto de legumbres y frutas. Una señora llega al puesto de Agustina.

Señora: ¿Cuánto valen las lechugas?
Agustina: Veinte pesetas cada una.
Señora: Deme dos, por favor.
Agustina: Tenga. ¿Algo más?
Señora: Sí. Quiero naranjas. ¿Cuánto cuesta el kilo?
Agustina: Cincuenta y cinco el kilo.
Señora: Deme dos kilos y medio.
Agustina: ¿Algo más?
Señora: Sí. ¿Tiene guisantes?
Agustina: Guisantes no tengo.
Señora: ¿Y judías verdes?
Agustina: Tampoco tengo.
Señora: Eso es todo, entonces.

En el puesto de don Alvaro hay mucha gente esta mañana. Allí está doña Amparo. Doña Amparo compra siempre en el puesto de don Alvaro.

Doña Amparo: Buenos días.
Don Alvaro: Buenos días, doña Amparo. ¿Qué desea?

Doña Amparo:	Quiero un litro de aceite de oliva . . . media docena de huevos . . . un kilo de arroz . . . una botella de vinagre . . . ¿tiene aceitunas?
Don Alvaro:	Sí, sí tengo.
Doña Amparo:	Deme medio kilo.
Don Alvaro:	¿Qué más?
Doña Amparo:	Nada más.

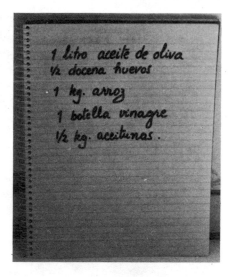

María Pilar quiere un vestido. En el puesto de Isabel Molina hay ropa muy bonita. Hay blusas, faldas y vestidos. Hay una gran variedad de colores y modelos.

M. Pilar:	¿Puedo ver ese vestido, por favor?
Isabel:	¿Cuál? ¿Este azul?
M. Pilar:	No. El que está al lado del azul. El amarillo.
Isabel:	Tenga. Este es un vestido muy bonito y de muy buena calidad.
M. Pilar:	Sí, pero es demasiado grande para mí. ¿No tiene uno más pequeño?
Isabel:	¿Cuál es su talla?
M. Pilar:	Cuarenta y cuatro.
Isabel:	De la talla cuarenta y cuatro no tengo. Este es el más pequeño.
M. Pilar:	¡Qué lastima!

El día de mercado es también una buena ocasión para visitar las tiendas de Montegrande. Las tiendas más grandes están en la Calle Mayor. Allí hay un supermercado y una zapatería. También hay una panadería, una carnicería, un estanco y una farmacia. Dolores entra en la farmacia. Dolores es una chica de Montegrande.

Dependienta:	¿Qué desea?
Dolores:	Una caja de aspirinas. ¡Tengo un dolor de cabeza terrible!
Dependienta:	¿Una caja de veinte o de cincuenta?
Dolores:	Deme una de cincuenta.
Dependienta:	¿Desea algo más?
Dolores:	Sí. Quiero un bronceador.
Dependienta:	¿Quiere aceite o crema?
Dolores:	Crema. Es mejor que el aceite.
Dependienta:	Tenemos ésta que cuesta trescientas pesetas.
Dolores:	¡Qué cara! ¿No tiene otra más barata?
Dependienta:	No, lo siento. Esta es la más barata que tenemos.
Dolores:	¿Es buena?
Dependienta:	Sí, es excelente.
Dolores:	Está bien.
Dependienta:	¿Algo más?
Dolores:	Nada más.

El estanco está frente a la farmacia. Su dueño es el señor González. En el estanco del señor González hay cigarrillos, cerillas y pipas. También hay postales, sellos y billetes de lotería. A la entrada del estanco hay revistas y periódicos. En el estanco está Rodrigo.

Señor G.: ¿Qué desea?
Rodrigo: Deme cuatro paquetes de ducados y dos cajas de cerillas.
Señor G.: ¿Algo más?
Rodrigo: Sí, deme El País.
Señor G.: Tenga.
Rodrigo: ¿Cuánto es?
Senor G.: Son sesenta y cinco pesetas en total.
(Rodrigo paga y sale del estanco.)

Vocabulario

en lo alto	*on the top*
la colina	*hill*
el campesino	*peasant*

los pueblos vecinos	*neighbouring towns*
la madrugada	*early morning*
el camión	*lorry*
el burro	*donkey*
la tienda	*shop*
el ajo	*garlic*
el puesto	*stall*
los guisantes	*peas*
el aceite	*oil*
los huevos	*eggs*
el arroz	*rice*
el vestido	*dress*
la ropa	*clothes*
la falda	*skirt*
la talla	*size (for clothes)*
la zapatería	*shoe shop*
la panadería	*baker's*
la carnicería	*butcher's*
el bronceador	*sun tan oil or cream*
lo siento	*I'm sorry*

Notas

Here are some useful ways of
1. **Asking how much something costs**
   ¿Cuánto valen las lechugas?
   ¿Cuánto cuesta el kilo de naranjas?
2. **Saying how much something costs**
   Las lechugas valen veinte pesetas cada una.
   Las naranjas cuestan cincuenta y cinco pesetas el kilo.
   El bronceador cuesta trescientas pesetas.
3. **Asking what the total cost is of the things you are buying**
   ¿Cuánto es?
4. **Saying what the total cost is**
   Es una peseta.
   Son sesenta y cinco pesetas (en total).
5. **Asking for something in a shop**
   Una caja de aspirinas, por favor.
   Deme dos lechugas.
   Quiero un kilo de naranjas.

6. **Asking a customer what he wants**
    ¿Qué desea?
7. **Inquiring if anything cheaper, smaller, better, etc. is available**
    ¿Tiene uno más pequeño?
    ¿No tiene otro más barato?
8. **Comparing two or more things**
    El aceite *es más barato que* la crema.
    La crema *es mejor que* el aceite.
    Las manzanas *son más baratas que* las naranjas.
9. **Saying what the cheapest, smallest, best, etc. item is**
    Esta crema *es la más barata.*
    Este vestido *es el más pequeño.*
    Estas naranjas *son las mejores.*

Preguntas

A. Seleccione la respuesta correcta.
   1. El jueves es un día importante en Montegrande porque
      (a) la gente va al mercado de los pueblos vecinos.
      (b) a los pueblos vecinos llega gente de Montegrande.
      (c) la gente de los pueblos vecinos viene al mercado.
   2. La gente llega al mercado
      (a) por la tarde.
      (b) por la mañana.
      (c) por la noche.

B. Responda en español.
(a) 1. ¿En qué región está Montegrande?
    2. ¿Cuántos habitantes tiene?
    3. ¿Cómo es la vida en Montegrande?
    4. ¿En qué viene la gente al mercado?
    5. ¿A qué vienen?
(b) 1. ¿Qué trae don Ventura?
    2. ¿Sabe donde está el mercado?
    3. ¿Dónde está el mercado?
(c) 1. ¿Qué vende Agustina?
    2. ¿Cuánto valen las lechugas?
    3. ¿Cuánto cuesta el kilo de naranjas?
    4. ¿Tiene guisantes Agustina?
    5. ¿Y judías verdes?

(d) 1. ¿Cuánto aceite compra doña Amparo?
    2. ¿Cuántos huevos compra?
    3. ¿Cuántas aceitunas?
(e) 1. ¿Qué hay en el puesto de Isabel?
    2. ¿Qué quiere comprar María Pilar?
    3. ¿Por qué no compra el vestido?
    4. ¿No hay uno más pequeño?
(f) 1. ¿Qué tiendas hay en la Calle Mayor?
    2. ¿Por qué compra aspirinas Dolores?
    3. ¿Compra algo más?
(g) 1. ¿Qué se vende en el estanco?
    2. ¿Qué compra Rodrigo?
    3. ¿Cuánto paga en total?

Práctica oral

1. Study this dialogue.

En la Tienda de Ultramarinos

A: ¿Qué desea?

B: Quiero medio litro de aceite . . . un kilo y medio de azúcar . . . y una docena de huevos.

A: ¿Algo más?

B: No, nada más.

Now imagine that you want to buy some groceries. Here's your shopping list and the quantities you wish to buy. Tell the shopkeeper what you want.

A: ¿Qué desea?

B: ....
   ....
   ....

A: ¿Algo más?

B: ....

Lista de Compras

$\frac{1}{2}$ *Kg. de arroz*
1 Kg. de azúcar
$\frac{1}{4}$ *Kg. de té*
1 paquete de fideos
1 botella de vinagre
1 docena de huevos
$\frac{1}{2}$ *l. de aceite*

2. Study this dialogue.

En el Mercado

A: ¿Cuánto cuesta el kilo de manzanas?

B: Treinta pesetas el kilo.

A: Y las lechugas, ¿cuánto cuestan?

B: Las lechugas cuestan veinte pesetas cada una.

Now you want to buy some fruit and vegetables. You can't see the prices, so you have to ask how much each item costs. Get together with another student and play the roles of customer and shop-keeper as in the dialogue above.

Here's a list of the products available. Study their meanings.

Here's a list of the prices.

manzanas	Kg. 35 pts.
uva	Kg. 40
fresas	Kg. 120
melocotones	Kg. 50
melones	c/u 38
tomates	Kg. 30
cebollas	Kg. 20
judías verdes	Kg. 29
guisantes	Kg. 25
lechugas	c/u 20

3. Study this dialogue.

En el Estanco

A: ¿Qué desea?

B: Deme un paquete de ducados y dos cajas de cerillas

A: ¿Desea algo más?

B: No, nada más. ¿Cuánto es?

A: Son cincuenta pesetas.

You are in charge of the estanco. A customer comes in.

A: (Ask what he wants.)

B: Deme tres sellos de ocho pesetas y uno de quince

A: (Ask if he wants anything else.)

B: No, nada más. ¿Cuánto es?

A: (Say it's thirty-nine pesetas.)

Another customer comes into your shop.

A: (Ask what he wants.)

B: Deme dos sellos de quince pesetas, el ABC . . . ¡Ah! . . . y esta postal.

A: (Ask if he wants anything else.)

101

B: ¿Tiene cigarrillos ingleses?
A: (Say you don't have English cigarettes.)
B: ¿Y alemanes?
A: (Say you don't have German cigarettes either.)
B: Eso es todo, entonces. ¿Cuánto es?
A: (Say it's fifty pesetas.)

4. Study this dialogue.
   En la Tienda de ropa
   A: ¿Puedo ver ese vestido, por favor?
   B: Sí, tenga.
   A: ¿No tiene uno más pequeño? Este es demasiado grande para mí.
   B: No, lo siento. Este es el más pequeño que tenemos.

Now you want to buy some clothes. Unfortunately you can't find what you want. Complete these conversations with the assistant in each shop.
(a) A: Buenas tardes.
    B: (Greeting)
    A: ¿Qué desea?
    B: (Ask to see a jacket please.)
    A: Sí, tenga.
    B: (Ask if he has a bigger one. It's too small for you.)
    A: No, lo siento. Esta es la más grande que tenemos.
(b) A: Buenos días.
    B: (Greeting)
    A: ¿Qué desea?
    B: (Ask to see a jersey.)
    A: Tenga. Este jersey es muy bonito.
    B: (Ask if he has a better one.)
    A: Este es el mejor que tenemos. Es de muy buena calidad.
(c) A: Buenas tardes.
    B: (Greeting)
    A: ¿Qué desea?
    B: (Ask to see a pair of shoes.)
    A: Estos zapatos son exclusivos.
       Es el único par que tenemos.
    B: (Ask how much they cost.)
    A: Cuestan 2,000 pesetas.
    B: (Say they are too expensive.
       Ask if they have a cheaper pair.)
    A: Lo siento mucho, pero éstos son los más baratos que tenemos.

5. Get together with another student and imagine yourselves in this situation:
You go into an *estanco*.
(a) Ask the assistant how much the postcards cost.
    (*They cost five pesetas each.*)
(b) Ask him to give you those two.
(c) Ask him to give you two eight peseta stamps.
    (*He asks if you want anything else.*)
(d) No. Nothing else. Say that is all. Thank you.
(e) Ask how much it is.
    (*It's twenty-six pesetas.*)

Práctica escrita: COMPARACIONES

1. In Montegrande there are two butcher's shops. They both sell the same kind of meat but their prices are different. Compare the prices in these two signs.

CARNICERIA LOS TRES CERDITOS CARNE Y EMBUTIDOS	CARNICERIA CERDA
Pollo Kg. 150 pts. Cordero Kg. 240 Ternera Kg. 200 **MERCADO MUNICIPAL** **Puesto 5**	Abierto todos los días, excepto domingos y festivos Cordero Kg. 255 pts. Pollo Kg. 148 Ternera Kg. 190 **CALLE AGUIRRE 59.**

Now read this paragraph.

En la Carnicería Los Tres Cerditos el pollo cuesta 150 pesetas, mientras que en la Carnicería Cerda sólo cuesta 148. El pollo es más barato en la Carnicería Cerda.

Now write similar paragraphs comparing the prices of these items in the two shops:
(a) El cordero.
(b) La ternera.

DE COMPRAS *Shopping*

DOCE

LAS TIENDAS

En todas las ciudades españolas existen hoy en día *nowadays* supermercados y grandes almacenes. Sin embargo, muchas personas prefieren hacer sus compras en la pequeña tienda de barrio o en el mercado local, donde el trato es siempre más personal y directo. La **panadería**, la **carnicería**, la **pescadería**, la **farmacia**, la **tienda de ultramarinos**, la **bodega** y el **estanco**, son tiendas que se pueden encontrar en cualquier pueblo o ciudad de España.

En la tienda de **ultramarinos** se puede comprar arroz, azúcar, aceite, café, té y todo lo necesario para cocinar y hacer el trabajo de la casa.

El **estanco** es un tipo de tienda que no existe en otros países y que pertenece al Estado. Allí se vende tabaco, cigarrillos, puros y pipas. También se puede comprar sellos, sobres, papel para escribir, postales, billetes de lotería, revistas y periódicos.

La **bodega** es al mismo tiempo un despacho de vino, donde se puede comprar desde el vino o jerez más barato hasta el más caro y fino. El vino se vende por copa o por litro y se guarda en barriles de madera.

kept

EL MERCADO *brewer* *tunnel*

En España existen menos productos en conservas y el mercado es el sitio ideal para comprar alimentos frescos a precios más bajos que en los supermercados. *prices* *lower*

En las ciudades grandes hay mercados muy modernos que están abiertos todos los días, excepto los domingos. Allí se vende **fruta**, **legumbres**, **pescado**, **mariscos**, **carne** y una gran variedad de otros productos. En los pueblos pequeños hay por lo general un día de mercado cada semana.

LOS HORARIOS

En España las tiendas están abiertas generalmente desde las nueve de la mañana hasta la una y media. Las tiendas de comestibles cierran a las dos. Por la tarde se abre a las cuatro y media y se cierra a las ocho. En ciudades como Madrid y Barcelona algunos grandes almacenes están abiertos también después del mediodía.

EL DINERO ESPAÑOL

La unidad monetaria en España es **la peseta**. Debido a su escaso valor no tiene mucha utilidad práctica. Hay **monedas** de una peseta, de cinco, de veinticinco, de cincuenta y de cien pesetas. La moneda de cinco pesetas se conoce comúnmente con el nombre de **duro**.

Los billetes españoles son de cinco mil, de mil, de quinientas y de cien pesetas. Los billetes de cinco mil pesetas son de color de malva, los de mil pesetas son de color verde, los de quinientas son azules y los de cien son marrones.

107

¿QUE VA A TOMAR?

TRECE

En la Calle Los Jardines de Madrid, a pocos pasos de la Puerta del Sol, está el bar de don Fermín. El bar se llama **Los Tres Amigos**. No es un bar muy grande. La barra ocupa la mayor parte del bar.

Detrás de la barra está don Fermín. A don Fermín le gusta mucho el fútbol. Su equipo favorito es el Real Madrid.

Delante de la barra está Antonio. Antonio es el camarero de Los Tres Amigos. Antonio es madrileño.

Son las once de la mañana y hay varias personas en la barra. Es gente que trabaja en las oficinas y tiendas cerca del bar. Cada mañana van a Los Tres Amigos para tomar un café, comer unas tapas o unos bocadillos y charlar con sus amigos. En seguida vuelven a trabajar.

En Los Tres Amigos sólo hay cuatro mesas. En una de las mesas hay un señor muy gordo. Es el señor Delgado. El señor Delgado es un comerciante de Segovia.

Antonio:	¿Qué va a tomar?
Sr. Delgado:	Un café, por favor.
Antonio:	¿Lo quiere solo o con leche?
Sr. Delgado:	Solo.
Antonio:	¿Desea comer algo?
Sr. Delgado:	Sí. Deme un bocadillo de jamón con queso.
Antonio:	Un momento, por favor.

En la barra hay dos chicas que trabajan en una oficina no lejos de allí. Son Teresa y Ana. Las dos chicas van siempre al bar. Don Fermín las conoce muy bien.

Don Fermín:	¡Hola! ¿Qué vais a tomar?
Teresa:	Para mí un chocolate con churros.
Ana:	Yo quiero una cerveza.
Don Fermín:	¿Quieres algo más?
Ana:	No, nada más.

Las chicas beben el chocolate y la cerveza, pagan la cuenta y salen del bar.

El Sr. Delgado mira su reloj. Tiene prisa. Llama a Antonio y pide la cuenta.

Sr. Delgado:	¡Oiga!
Antonio:	¿Diga, señor?
Sr. Delgado:	Quiero la cuenta, por favor.
Antonio:	Un momento . . . un café solo . . . treinta y cinco pesetas, un bocadillo de jamón con queso . . . cuarenta pesetas . . . pues, son setenta y cinco pesetas en total.
Sr. Delgado:	Aquí tiene.
Antonio:	Gracias.

El señor Delgado paga la cuenta con un billete de cien pesetas. Antonio le da veinticinco pesetas de vuelta. El señor Delgado deja diez pesetas de propina. *change*

Hora de Comer

A la una y media cierran las tiendas y oficinas y mucha gente vuelve a casa a comer. El tráfico es difícil a esa hora en Madrid.

job Guillermo Jiménez trabaja en el centro, pero vive con sus padres en un barrio de Madrid. Por lo general, come en casa entre las dos y las tres. A las cuatro vuelve al trabajo. Hoy, sin embargo, Guillermo no va a comer a casa. El y su novia Cristina van a un restaurante. El restaurante se llama **Tú y Yo**.

En el Restaurante

Guillermo: El menú, por favor.
Camarero: Aquí tiene.

Camarero: ¿Qué desean tomar?
Cristina: Yo quiero una sopa de ajo y luego pollo.
Camarero: ¿Cómo quiere el pollo?
Cristina: Lo quiero asado y con ensalada.
Camarero: ¿Y Vd. señor?
Guillermo: Para mí una paella y después un solomillo con patatas
fritas.
Camarero: Solomillo no queda. Tenemos chuletas, bistec . . .
Guillermo: Deme un bistec, entonces.
Camarero: ¿Van a beber algo?
Guillermo: Sí, una botella de vino de la casa.
Camarero: ¿Blanco o tinto?
Guillermo: Tinto.
Camarero: Bien. Un momento, por favor.

Frente a la mesa de Guillermo y Cristina hay una señora sola. La señora
llama al camarero.
Señora: ¿Qué tiene de postre?
Camarero: Tenemos flan y fruta.
Señora: Quiero un flan.
Camarero: ¿Va a tomar café?
Señora: Sí, tráigame un café. Y la cuenta, también, por favor.

Los días sábados por la tarde Cristina y Guillermo no trabajan. Hoy
están en casa de Cristina.
Cristina: ¿Qué hora es?
Guillermo: Son las seis menos cuarto.
Cristina: Pues, vamos a tomar la merienda.
Guillermo: Vamos.

112

Vocabulario

a pocos pasos	*near*
el equipo	*team*
la pared	*wall*
las tapas	*snack*
los bocadillos	*sandwich*
gordo	*fat*
un café solo	*coffee without milk*
el jamón	*ham*
el queso	*cheese*
la cuenta	*bill*
tener prisa	*to be in a hurry*
la vuelta	*change (money)*
dejar	*to leave*
la propina	*tip*
la sopa	*soup*
asado	*roast*
la ensalada	*salad*
el solomillo	*fillet steak*
la chuleta	*chop*
el vino de la casa	*ordinary (house) wine*
el postre	*dessert*
la merienda	*tea/afternoon snack*

Notas

Here are some useful ways of

1. **Ordering something to eat or drink**
   Un café, por favor.
   Deme un bocadillo de jamón.
   Quiero una sopa de ajo.
2. **Asking people what they want to eat or drink**
   ¿Qué va(s) a tomar?
   ¿Qué desea tomar?
   ¿Qué quieres tomar? (familiar)
3. **Asking people if they want to eat or drink anything**
   ¿Va(s) a beber(comer) algo?
   ¿Desea beber (comer) algo?
   ¿Quiere beber (comer) algo?

113

4. **Saying how a meal should be prepared**
   Quiero pollo *asado.*
   Lo quiero asado.
   Para mí patatas *fritas.*

5. **Asking people how they want their food or drinks**
   (Para mí, pollo)   *¿Cómo lo quiere?*   (Asado).
   (Quiero patatas)   *¿Cómo las quiere?*   (Las quiero fritas)
   (Un café)   *¿Lo quiere solo o con leche?* (Solo)

6. **Asking for the bill**
   La cuenta, por favor.
   Quiero la cuenta.
   Deme la cuenta.

7. **Asking and saying the time**

¿Qué hora es?
Son las siete.

Son las doce y media

Es la una y media

Son las tres menos cuarto

Son las cinco y cinco

Son las seis menos veinte

Son las nueve y cuarto

8. **Saying what time things happen**
   La gente va al bar *a las once.*
   Las tiendas cierran *al la una y media.*
   Guillermo come *entre las dos y las tres.*
9. **Asking what time things happen**
   ¿A qué hora va la gente al bar?
   ¿A qué hora cierran las tiendas?

Preguntas

A. Seleccione la respuesta correcta.
1. El Bar Los Tres Amigos está
   (a) en la Puerta del Sol.
   (b) lejos de la Puerta del Sol.
   (c) cerca de la Puerta del Sol.
2. La mayor parte de la gente que está en el Bar
   (a) trabaja en las afueras de Madrid.
   (b) trabaja en Madrid.
   (c) trabaja fuera de Madrid.
3. A la una y media la mayoría de la gente
   (a) va a los restaurantes a comer.
   (b) vuelve a sus casas a comer.
   (c) come en las oficinas y tiendas.

B. Responda en español.
(a) 1. ¿Cómo es el Bar Los Tres Amigos?
    2. ¿De quién es el Bar?
    3. ¿Quién es Antonio?
    4. ¿Dónde está?
    5. ¿De dónde es Antonio?
    6. ¿A qué va la gente al bar?
(b) 1. ¿Cuántas mesas hay?
    2. ¿En qué trabaja el Sr. Delgado?
    3. ¿De dónde es?
    4. ¿Qué bebe el Sr. Delgado?
    5. ¿Qué come?
(c) 1. ¿Cómo se llaman las chicas que están en la barra?
    2. ¿Dónde trabajan?
    3. ¿Qué toma Teresa?

115

    4. ¿Qué bebe Ana?

    5. Qué hacen las chicas antes de salir del bar?

(d) 1. ¿Por qué mira su reloj el Sr. Delgado?

    2. ¿A quién llama?

    3. ¿Qué pide?

    4. ¿Cuánto paga?

    5. ¿Cuánto le da Antonio de vuelta?

    6. ¿Cuánto deja de propina el Sr. Delgado?

(e) 1. ¿A qué hora cierran las tiendas y oficinas?

    2. ¿A qué hora come Guillermo por lo general?

    3. ¿Dónde come generalmente?

    4. ¿Con quién come hoy?

    5. ¿Dónde?

    6. ¿Qué come Cristina?

    7. ¿Qué come Guillermo?

    8. ¿Qué beben?

(f) 1. ¿Qué pide de postre la señora?

    2. ¿Qué más pide?

(g) 1. ¿A qué hora toman la merienda Guillermo y Cristina?

Práctica oral

1. Study this dialogue.

En el bar

Camarero: ¿Qué desean tomar?

A: Una naranjada, por favor.

B: Para mí una cerveza.

Camarero: ¿Van a comer algo?

A: Sí, yo quiero un bocadillo de jamón.

B: Yo una tapa de calamares.

Now get together with two other students and make up similar dialogues. Choose from the list opposite.

2. Study this dialogue.

En el Restaurante

Camarero: ¿Qué desea tomar?

Cliente: ¿Tiene pollo?

Camarero: Sí, sí hay. ¿Cómo lo quiere?

Cliente: Lo quiero asado.

Camarero: ¿Con qué lo quiere?

```
┌─────────────────────────────────────┐
│        BAR LOS TRES AMIGOS          │
│                                     │
│   cerveza          café             │
│   vino blanco      té               │
│   vino tinto       chocolate        │
│   anís             limonada         │
│   jerez            naranjada        │
│   coñac            zumo de naranja  │
│                                     │
│   BOCADILLOS       TAPAS            │
│   jamón serrano    calamares        │
│   queso manchego   aceitunas        │
│   salchichón       tortilla         │
│   chorizo          pulpo            │
│                    callos           │
└─────────────────────────────────────┘
```

Cliente: Con patatas fritas y ensalada de tomate con lechuga.
Camarero: ¿Va a beber algo?
Cliente: Sí, una botella de vino de la casa.
Camarero: ¿Blanco o tinto?
Cliente: Tinto.
Camarero: De acuerdo. Ahora mismo.

Now imagine that you are in a restaurant in Spain and want to order a meal. Fill in the gaps in this dialogue. Only one sentence is correct in each case.

A: ¿Qué va a tomar?
B: ....

A: ¿Cómo la quiere?
B: ....

A: ¿Con qué la quiere?
B: ....

A: ¿Cómo las quiere?
B: ....

A: ¿Desea beber algo?
B: ....

A: ¿Blanco?
B: ....

A: Bien. Un momento, por favor.

(a) *Quiero conejo/Quiero ternera*

(b) *La quiero al horno/Lo quiero al horno*

(c) *Con patatas/Con ensalada*

(d) *La quiero frita/Las quiero fritas*

(e) *Sí, una botella de cerveza/ Sí, una botella de vino*

(f) *No, tinto/No, rojo*

117

While in Spain, a Spanish friend invites you out for a meal. He gets the menu and asks you what you would like to have. Answer his questions.

A: Vamos a ver . . . Aquí está el menú. Tienen pollo, bistec, pescado . . . ¿Qué vas a tomar?

B: (Say you want fish please.)

A: Excelente idea. El pescado aquí es muy bueno. ¿Con qué lo quieres?

B: (Say you want it with tomato salad and chips.)

A: ¿Qué vas a beber?

B: (You want to drink white wine)

A: ¿Quieres un aperitivo?

B: (Ask him if they have sherry.)

A: Sí, sí tienen. ¿Seco o dulce?

B: (Say you want a glass of dry sherry please.)

A: ¿Quieres algo más?

B: (Nothing else. Thank you.)

It's your turn to entertain now.

A: ....

B: Una ginebra, por favor.

A: ....

B: Con agua tónica.

A: ....

B: Sí, con hielo y limón.

A: ....

B: No, nada más. Gracias.

3. **Get together with another student and imagine yourselves in these situations:**

   You go into a *café.*

   (a) Call the waiter.

   (b) Ask for the menu.

   (c) Order something to eat and a drink.

   (d) Ask for the bill.

You are a waiter in a bar. A customer comes in.

   (a) Ask him what he wants to eat.

      (*He wants a bocadillo.*)

   (b) Name varieties of bocadillos available.

   (c) Ask him if he wants to drink anything.

      (*He wants a gin and tonic.*)

   (d) Ask him if he wants it with ice and lemon.

4. Study this dialogue.

A: ¿Qué hora es?
B: Son las nueve y cuarto.

Now ask and say the time.

1.00	3.00	7.05	9.10	10.00	11.30
1.15	3.20	7.15	9.30	10.10	11.50
1.45	3.30	7.25	9.45	10.40	12.00
2.00	3.50	7.35	9.55	11.00	12.05

Práctica escrita

1. Read this paragraph.

Por lo general, Antonio desayuna a las ocho y cuarto, come a las dos y cena a las nueve y media.

Now write similar paragraphs saying what time these people have their meals.

Nombre	el desayuno	la comida	la cena
Ana	7,45	2,30	10,00
Teresa y su familia	8,00	2,15	9,45
Sr. Delgado	9,30	2,00	9,30
Don Fermín y su mujer	7,00	3,00	10,15

Now write a similar paragraph saying what time you usually have your meals.

119

2. Read these sentences.

(i) *En la Calle Los Jardines hay un bar.*
(ii) *El bar se llama Los Tres Amigos.*
(iii) *El bar es muy popular.*

Now look at the way in which the three sentences have been combined into one.

En la Calle Los Jardines hay un bar *que* se llama Los Tres Amigos y *que* es muy popular.

Now combine each group of sentences into a single sentence.

(a) (i) En la barra hay una chica.
    (ii) La chica se llama Ana.
    (iii) La chica trabaja cerca del bar.
(b) (i) En Madrid hay una calle muy antigua.
    (ii) La calle se llama Los Jardines.
    (iii) La calle está cerca de la Puerta del Sol.
(c) (i) En el bar hay un camarero.
    (ii) El camarero se llama Antonio.
    (iii) El camarero es de Madrid.
(d) (i) En una de las mesas hay un señor.
    (ii) El señor se llama Luis Delgado.
    (iii) El señor es muy gordo.

3. Complete the crossword.

Horizontales

  2: ¿Prefiere carne o p_____?
  8: Dos c_____ de jerez, por favor.
  9: Vamos al bar a comer _____ bocadillos.
10: No son bonitas.
11: ¿Qué t_____ tú?—Una naranjada, por favor.
14: ¿Desea café o _____?
15: Al desayuno yo t_____ café con leche.
17: ¿Algo más?—No, gracias. _____ más.
20: ¿Qué _____ a beber Vd.?
21: _____ el bar hay mucha gente.
22: El bar de don Fermín se llama Los _____ Amigos.
23: Quiero patatas.—¿Cómo _____ quiere?
25: ¿Tiene pollo?—No, no _____.
26: De esta manera.

Verticales

1: Un café, por favor.—¿Lo quiere_____o con leche?
2: Para mí, pollo con p_____ fritas.
3: ¿Cuánto _____?—Son sesenta pesetas.
4: ¿Algo más?—No, quiero la c_____, por favor.
5: Una de las chicas que está en la barra se llama _____.
6: Cinco menos tres.
7: _____ invito a una copa. ¿Qué vais a tomar?
11: ¿Quiere vino blanco o _____?
12: En el restaurante Tú y Yo _____ come muy bien.
13: ¿_____ azúcar o sin azúcar?
16: En el bar de don Fermín hay sólo cuatro m_____.
18: Casi <u>bar</u>.
19: ¿Qué desea, señor?—D_____ un bocadillo de jamón.
20: Quiero una botella de _____ de la casa.
23: Quiero ternera.—¿Cómo _____ quiere?
24: ¿Otra cerveza? _____, por favor.

Crucigrama

4. Read this information.

HORARIO DE COMIDAS

HOTEL MIRAMAR

Desayuno	8–10
Almuerzo	1,30–2,30
Cena	8–9,30

Now read this paragraph.

En el Hotel Miramar el desayuno es entre las ocho y las diez de la mañana. El almuerzo es entre la una y media y las dos y media de la tarde y la cena es entre las ocho y las nueve y media de la noche.

Now study this information and then write paragraphs similar to the one above.

HORARIO DE COMIDAS
HOTEL LA PLAYA

Desayuno	8,30–9,30
Almuerzo	1,15–2,00
Cena	7,45–8,45

HORARIO DE COMIDAS
PENSION EL SOL

Desayuno	7,15–9
Almuerzo	12,45–1,45
Cena	8,30–9,15

A LA HORA DE COMER

El pan, las naranjas, los huevos y las patatas, productos más consumidos por el español medio

Según información obtenida por un grupo de estudiantes de la Universidad de Barcelona, la familia española de clase media gasta más de la mitad de su dinero en comprar alimentos. Los productos más populares son el pan, las naranjas, los huevos y las patatas.

Comida y cena

A la hora de la comida se come principalmente pan, verduras, patatas fritas y arroz. En menor cantidad, se come también carne de cerdo, de pollo, ternera y embutidos.

A la hora de cenar, la preferencia es por los huevos fritos, pescado, pollo, fideos, patatas y verduras.

Desayuno

El desayuno presenta una lista muy variada de productos: embutidos, miel y confituras, aparte de leche, pan y galletas. Un número bastante considerable de familias come huevos fritos, queso, mantequilla y naranjas.

LA COCINA ESPAÑOLA

De región a región

Las regiones españolas presentan grandes diferencias a la hora de elaborar la dieta. Para los andaluces, comer, tiene poca importancia. Lo mismo pasa en Murcia, aunque, en general, para todo el país comer goza de mucho prestigio, como buen país latino. Vascos y navarros, en cambio, aprecian mucho la buena mesa y sus platos tienen muchas calorías.

Fundamentalmente por el Norte se come mucha carne y pescado, legumbres, leche y azúcar. En Cataluña y Levante se come mucho arroz. También pollo y fruta en abundancia. En Castilla y Aragón se come mucha carne y huevos, y en Andalucía, pescado y fruta.

LA BUENA MESA

Sopa de ajo

ajo
aceite
pimentón
sal
pan en rodajas
1 litro de agua

1 Se hierve el agua con sal.
2 Se cortan los ajos.
3 Se fríen en una sartén.
4 Se añade el pimentón.
5 Se echa todo en el agua.
6 Se añade al agua unas rodajas de pan.
7 Se sirve bien caliente.

¿Cuántos años hace que vive(s) aquí?

UN DIA EN LA VIDA DE . . .

casado/a – married
Alicante es en el sureste en la costa

Cinco españoles—hombres y mujeres de diferentes ciudades de España—nos hablan sobre su trabajo y su vida diaria. *daily life*

Ricardo Peña es camarero, tiene veinte años, está soltero y hace tres años que trabaja en un hotel cerca de Alicante. 'Trabajo diez horas al día. Mi sueldo no es bueno, pero gano suficiente dinero para vivir y mantener mi coche. Tengo un Seat 600. En general estoy contento con mi situación. Tengo un puesto *job* seguro y ningún problema económico. Claro, diez horas al día es bastante y no tengo mucho tiempo para divertirme, pero eso no tiene mucha importancia, ya que en el trabajo tengo excelentes amigos'.

Mercedes Martínez, tiene veintiún años, está soltera y es estudiante de Medicina en la Universidad de Salamanca. Hace ocho años que su familia vive en esa ciudad. Mercedes estudia y trabaja. 'Por la mañana voy a la Universidad y por la tarde trabajo como dependienta en la tienda de mi padre'.
   Mercedes está muy contenta con su situación. 'Soy feliz. No tengo novio, pero eso no me preocupa, ya que no tengo intenciones de casarme todavía'. *yet*

Jaime Rodríguez, cincuenta y cinco años, ingeniero, separado, lleva diecisiete años en Madrid. Jaime Rodríguez tiene siempre mucho trabajo. 'Me levanto por lo general a las siete de la mañana y nunca me acuesto antes de la medianoche'.
   Jaime vive en un hermoso piso, bastante grande y tiene una casa en el campo.

casarse – to get married
estar contento / ser feliz } to be happy

125

Salamanca es la Cambridge de España

'Generalmente paso los fines de semana en el campo. Me voy el sábado por la mañana y vuelvo a Madrid el domingo por la noche'. Jaime gana un buen sueldo. 'Económicamente no tengo ningún problema. El dinero que gano es más que suficiente'.

Asunción Santos, tiene treinta y cinco años y cuatro hijos. Su marido es 18 años mayor que ella. Asunción es de un pueblo de la provincia de La Coruña, pero lleva trece años en Madrid.

Asunción se levanta a las siete y media y prepara el desayuno para sus hijos y su marido. 'A las ocho y media llevo al menor de mis hijos a la escuela. Antes de regresar a casa hago las compras del día en una de las tiendas del barrio. Después arreglo la casa y preparo la comida'.

Asunción trabaja en el servicio de limpieza de un hospital. 'Empiezo a trabajar a las dos y termino a las nueve y media de la noche. Mi sueldo no es muy bueno, pero gracias a que somos dos los que trabajamos tenemos suficiente para comer y vestirnos'.

Gloria García, madrileña de veintiocho años, vive ahora en Zaragoza, está casada y tiene una hija de cinco años. Gloria habla sobre su día. 'Mi marido y yo nos levantamos a las ocho menos cuarto más o menos, desayunamos y llevamos a nuestra hija al colegio donde estudia. Luego, mi marido se va al trabajo y yo hago las compras del día. A las nueve me arreglo y me voy a abrir la peluquería'.

Gloria tiene una pequeña peluquería de señoras. Por lo general no tiene tiempo para ir a comer a casa. 'Como en una de las cafeterías que hay cerca de la peluquería'.

'Por la tarde voy a aprender a conducir y a las cuatro y media vuelvo otra vez a la peluquería. A veces, después del trabajo, voy a tomar una copa con mis amigos, pero casi siempre vuelvo a casa temprano. Mi vida, en general, es muy monótona'.

126

Vocabulario

la vida diaria	*daily life*
ganar	*to earn*
el puesto	*job*
seguro	*secure*
divertirse	*to enjoy oneself*
la medicina	*medicine*
feliz	*happy*
casarse	*to get married*
levantarse	*to get up*
nunca	*never*
acostarse	*to go to bed*
hacer las compras	*to do the shopping*
arreglar(se)	*to tidy up/to get ready*
la limpieza	*cleaning*
terminar	*to finish*
vestir(se)	*to dress/to get dressed*
la peluquería	*hairdresser's*
aprender	*to learn*
conducir	*to drive*
temprano	*early*

Notas

Here are some useful ways of

1. **Saying what you do everyday**
   Por la mañana *voy* a la Universidad.
   Por la tarde *trabajo* como dependienta.
   Me levanto a las siete de la mañana.
   Me arreglo.
   Me voy a la peluquería.
   Vuelvo a casa temprano.
   No me acuesto antes de la medianoche.
   Nos levantamos a las ocho menos cuarto.
   Desayunamos.
   Llevamos a nuestra hija al colegio.
2. **Saying what other people do everyday**
   Por la mañana *va* a la Universidad.
   Por la tarde *trabaja* como dependienta.
   Se levanta a las siete de la mañana.
   Se arregla.

127

Se va a la peluquería.
Vuelve a casa temprano.
No se acuesta antes de la medianoche.

3. Inquiring about people's daily activities

¿*A qué hora*	*se levanta* Vd.? *se va* al trabajo? *empieza* a trabajar? *come*? *termina* de trabajar? *se acuesta*?	*te levantas*? *te vas* al trabajo? *empiezas* a trabajar? *comes*? *terminas* de trabajar? *te acuestas*?

¿*A qué hora*	*se levantan* Vds.? *comen*? *se acuestan*?	*os levantáis* vosotros? *coméis*? *os acostáis*?

¿*Qué hace Vd.* por la tarde?
¿*Qué haces tú*?
¿*Qué hacen Vds.*?
¿*Qué hacéis vosotros*?

4. Saying how often you do things

Generalmente *Por lo general* *Nunca* *Siempre* *A veces*	me levanto antes de las ocho.

5. Saying how long you've been doing the same thing or how long you've been in a place

Hace tres años que trabajo aquí.
Hace muchos años que vivo en Madrid.
Llevo tres años aquí.
Llevo muchos años en Madrid.

6. Saying how long people have been doing the same thing or how long they have been in a place

Hace tres años que trabaja en un hotel.
Hace ocho años que viven en Salamanca.
Lleva tres años en Alicante.
Llevan ocho años en Salamanca.

7. **Asking people how long they have been doing the same thing or how long they have been in a place**

¿Hace cuánto tiempo que trabaja Vd. en Alicante.
¿Hace cuánto tiempo que vive Vd. en Salamanca.
¿Cuánto tiempo lleva Vd. aquí?
¿Lleva Vd. mucho tiempo aquí?

Preguntas

A. Seleccione la respuesta correcta

1. Ricardo Peña trabaja en el mismo hotel desde la edad de
   (a) diecisiete años.
   (b) dieciocho años.
   (c) veinte años.
2. El padre de Mercedes
   (a) es profesor universitario.
   (b) es dependiente en una tienda.
   (c) es dueño de una tienda.
3. Jaime Rodríguez está
   (a) casado.
   (b) separado.
   (c) soltero.
4. Asunción Santos
   (a) es más joven que su marido.
   (b) tiene la misma edad que su marido.
   (c) es mayor que su marido.
5. Gloria García come en una cafetería porque
   (a) está cerca de la peluquería.
   (b) no tiene tiempo para ir a casa.
   (c) es más económico que comer en casa.

B. Responda en español.

(a) 1. ¿Dónde trabaja Ricardo?
   2. ¿Cuántas horas al día trabaja?
   3. ¿Tiene un buen sueldo?
   4. ¿Está contento con su situación? ¿Por qué?
(b) 1. ¿Cuántos años tiene Mercedes?
   2. ¿Qué hace por la mañana?
   3. ¿Qué hace por la tarde?
   4. ¿Tiene novio?
   5. ¿Quiere casarse?

(c) 1. ¿En qué trabaja Jaime Rodríguez?
    2. ¿Cuánto tiempo lleva en Madrid?
    3. ¿A qué hora se levanta?
    4. ¿Se acuesta temprano?
    5. ¿Qué hace los fines de semana?
    6. ¿Cómo es su situación económica?

(d) 1. ¿De dónde es Asunción?
    2. ¿Hace cuánto tiempo que vive en Madrid?
    3. ¿Qué hace Asunción después de levantarse?
    4. ¿Qué hace a las ocho y media de la mañana?
    5. ¿Qué hace antes de irse al trabajo?
    6. ¿Dónde trabaja?
    7. ¿A qué hora empieza a trabajar?
    8. ¿A qué hora termina?
    9. ¿Cómo es el sueldo de Asunción?

(e) 1. ¿Cuántos años tiene la hijá de Gloria?
    2. ¿A qué hora se levantan Gloria y su marido?
    3. ¿Qué hacen después de levantarse?
    4. ¿Quién hace las compras?
    5. ¿Adónde va Gloria después de las nueve de la mañana?
    6. ¿Qué hace después de la comida?
    7. ¿Qué hace a las cuatro media?
    8. ¿Se va siempre a casa después del trabajo?
    9. ¿Vuelve muy tarde a casa?
   10. ¿Qué dice Gloria de su vida?

Práctica oral

1. A series of interviews was conducted in Spain to find out how the average Spaniard in the cities plans his day. Jaime Rodríguez was one of the people interviewed. Study the information in the chart and the dialogue below.

A: ¿En qué trabaja Vd.?
B: Soy ingeniero.
A: ¿Cuántas horas al día trabaja?
B: Trabajo ocho horas al día.

Nombre	Jaime Rodríguez
Ocupación	Ingeniero
Se levanta a las	7,00
Horario de trabajo (mañana)	9,00–13,00
Come en	casa
Horario de trabajo (tarde)	16,00–20,00
Se acuesta a las	12,00

A: ¿A qué hora se levanta, por lo general?
B: Me levanto a las siete de la mañana.
A: ¿A qué hora empieza a trabajar?
B: Empiezo a trabajar a las nueve.
A: ¿Y a qué hora termina?
B: A la una.
A: ¿Dónde come Vd.?
B: Generalmente como en casa.
A: Y por la tarde, ¿a qué hora empieza?
B: Empiezo a las cuatro.
A: ¿Y termina?
B: Termino a las ocho.
A: ¿A qué hora se acuesta?
B: Me acuesto a las doce más o menos.

Now get together with another student and use the information in the chart overleaf to make up similar interviews.

Nombre	Ramón	Maruja	Fernando
Ocupación	fotógrafo	modista	obrero
Se levanta a las	8,30	9,00	7,15
Horario de trabajo (mañana)	9,30–13,30	10,00–14,00	8,45–12,45
Come en	una cafetería	en casa	en la fábrica
Horario de trabajo (tarde)	16,30–20,30	15,00–21,00	13,45–17,45
Se acuesta a la(s)	1,00	11,30	11,00

Now imagine that you live and work in Spain. A friend is asking you about your daily routine. Answer his questions.

A: ¿Cuántas horas al día trabajas?
B: (You work eight hours a day.)
A: ¿Te levantas muy temprano?
B: (You get up at about a quarter to eight.)
A: ¿A qué hora empiezas a trabajar?
B: (You start at nine o'clock.)
A: ¿Y a qué hora terminas?
B: (You finish at five o'clock.)
A: ¿Dónde comes?
B: (You usually eat at work.)
A: ¿A qué hora vuelves a casa?
B: (You return home at about six o'clock.)
A: ¿Te acuestas muy tarde?
B: (You never go to bed before half past eleven.)

2. Study this dialogue. It's part of an interview with a Spanish student.

A: ¿Dónde estudias?

B: Estudio en un Instituto.

A: ¿A qué hora sales de casa para ir al Instituto?

B: Salgo a las ocho y media.

A: ¿A qué hora entras a clase?

B: Entro a las nueve de la mañana.

A: ¿A qué hora terminan las clases?

B: Terminan a la una.

Now answer the interviewer's questions.

A: ¿Dónde estudias?

B: ....

A: ¿A qué hora sales de casa para ir al colegio?

B: ....

A: ¿A qué hora entras a clase?

B: ....

A: ¿A qué hora terminan las clases?

B: ....

You are asking a friend of yours about his daily routine. These are his answers. What are your questions?

A: ....

B: Me levanto a las ocho más o menos.

A: ....

B: Desayuno a las ocho y media.

A: ....

B: Salgo de casa a las nueve menos cuarto.

A: ....

B: Generalmente como en un café.

A: ....

B: Vuelvo a casa a las seis y media.

A: ....

B: No, no muy tarde. Me acuesto a las once y cuarto más o menos.

3. Study this dialogue. It's part of a conversation with Asunción Santos.

A: ¿Qué hace Vd. por la mañana?

B: Por la mañana preparo el desayuno, llevo a mi hijo a la escuela, hago las compras, arreglo la casa y preparo la comida.

A: ¿Y por la tarde qué hace?

B: Por la tarde voy al trabajo.

Now get together with another student and use this information to make up similar dialogues.
(a) (*Mercedes, estudiante*)
Por la mañana: va a la Universidad/por la tarde: trabaja en la tienda de su padre.
(b) (*Elena, ama de casa*)
Por la mañana: hace las compras, limpia la casa, prepara la comida/ por la tarde: duerme la siesta, sale con sus amigas, prepara la cena.
(a) (*Carlos y Ana, profesores*)
Por la mañana: desayunan, llevan a sus hijos a la escuela, se van al Instituto/por la tarde: vuelven a casa, comen, regresan al Instituto a las tres.
4. **Study this dialogue. It's part of a conversation with Ricardo Peña.**
A: ¿Dónde trabaja Vd.?
B: Trabajo en un hotel cerca de Alicante.
A: ¿Hace cuánto tiempo que trabaja ahí?
B: Hace unos tres años.

Now get together with another student and use the information in this chart to make up similar dialogues.

Nombre y ocupación	lugar donde trabaja o estudia	¿cuánto tiempo?
Mercedes, estudiante	Universidad de Salamanca	2 años
Jaime, ingeniero	una industria	14 años
Gloria, peluquera	una peluquería	8 meses

You are being interviewed for a job. Answer the interviewer's questions.
A: ¿Dónde estudia (o trabaja) Vd.?
B: ....
A: ¿Hace cuánto tiempo que estudia (o trabaja) ahí?
B: ....

A: ¿Hace cuánto tiempo que estudia Vd. español?

B: ....

5. **Study this dialogue. It's part of an interview with Asunción Santos.**

A: ¿De dónde es Vd.?

B: Soy de La Coruña.

A: ¿Y cuánto tiempo lleva Vd. en Madrid?

B: Llevo trece años aquí.

Now get together with another student and use this information to make up similar dialogues.

(a) (Jaime) de Murcia/17 años en Madrid.

(b) (Mercedes) de Valladolid/8 años en Salamanca.

(c) (Ricardo) de Córdoba/3 años en Alicante.

(d) (Gloria) de Madrid/7 años y medio en Zaragoza.

You are on holiday in Spain.

A: ¿De dónde es Vd.?

B: (Say where you come from.)

A: ¿Y cuánto tiempo lleva Vd. en España?

B: (Say you've been in Spain for a week only.)

6. **Get together with another student and imagine yourselves in these situations:**

A friend of yours wants to know what you do on Sunday mornings. Say

(a) You get up late.

(b) You have breakfast about half past ten.

(c) You go out with your friends.

(d) You return home about one o'clock.

(e) You usually have lunch at a quarter past one.

At a dinner party in England you are introduced to someone from Spain.
(*Use the formal form.*)

(a) Ask him what part of Spain he comes from.

(b) Ask him how long he's been in England.

(c) Ask him what he does in England.

(*He works at a Spanish bank.*)

(d) Ask him how long he's worked there.

135

Práctica escrita

1. Read this paragraph. It is based on the interview with Jaime Rodríguez.

Jaime Rodríguez se levanta a las siete de la mañana. Luego se va al trabajo. Por la mañana trabaja desde las nueve hasta la una. Generalmente come en casa. Por la tarde empieza a trabajar a las cuatro y termina a las ocho. Jaime se acuesta a las doce de la noche más o menos.

Now refer to the chart in Section 1 of práctica oral and write similar paragraphs about Ramón, Maruja and Fernando.

2. Complete this questionnaire with information about your daily routine.

Confidencial
Nombre·... **Apellido** ....
Dirección ....
Ocupación o actividad ....
Se levanta a las ....
Entra a clase o
empieza a trabajar a las ....
Termina a las ....
Se acuesta a las ....

Now use the answers in the questionnaire to write a paragraph about your daily routine.

EL TRABAJO

DIECISÉIS

EN QUE TRABAJAN LOS ESPAÑOLES

En España, la mayor parte de los trabajadores están ocupados en los servicios. La industria y la agricultura son los otros dos sectores que ocupan mayor número de trabajadores. El número de mujeres que trabajan es hoy mucho mayor que en años anteriores, principalmente en el área de los servicios.

SATISFACCION EN EL TRABAJO

Según los resultados de una encuesta realizada recientemente en España, la mayoría de los trabajadores españoles está satisfecho con el trabajo que hace.

Muy satisfecho	15
Bastante satisfecho	26
Algo satisfecho	14
Ni satisfecho ni insatisfecho	12
Algo insatisfecho	7
Bastante insatisfecho	5
Muy insatisfecho	4
No trabaja	10
No contesta	7

UN TRABAJO PARA TODA LA VIDA

En el trabajo el español es probablemente menos moderno que otros europeos. Los españoles, en general, sienten temor a cambiar de ocupación. La mayor parte de ellos prefiere tener un trabajo para toda la vida, aunque con poco sueldo, en lugar de un trabajo bien pagado pero poco seguro.

UN DIA EN LA VIDA DE MARIA INES

María Inés tiene veinticuatro años, es madrileña y vive con sus padres en un bonito piso en un barrio de la capital. María Inés trabaja como

137

vendedora en una tienda de cerámica y de arte popular. Tiene novio y piensan casarse dentro de un año.

María Inés se despierta a las siete y media de la mañana. A las ocho menos cuarto se levanta, se arregla, desayuna y se va a la estación de metro a coger el tren para ir al trabajo. Trabaja desde las nueve hasta la una y media. Vuelve a casa a comer y después regresa al trabajo. Empieza a las cuatro y media y sale a las ocho.

A las ocho y diez su novio la recoge en su coche y van a dar una vuelta. A veces van al cine o a tomar una copa con sus amigos. De vez en cuando van a una discoteca a bailar.

Cuando no sale con su novio María Inés regresa a casa temprano y lee, escucha música o ve la televisión hasta la hora de cenar. Cenan normalmente a las diez. Sus hermanos pequeños se acuestan poco después de cenar. María Inés se acuesta generalmente a eso de las doce.

Tocas la guitarra
el piano
el violín

Cuatro españoles hablan con un reportero de una revista española sobre el trabajo, los estudios y el tiempo libre.
Habla Marcos, madrileño, de 25 años.

Reportero: ¿Cuál es tu pasatiempo favorito?

Marcos: Me gusta tocar la guitarra.

R: ¿Qué música prefieres?

M: Prefiero la música moderna.

R: ¿Perteneces a algún grupo artístico?

M: Sí, pertenezco a un grupo de música *rock* de Madrid.

R: ¿Dónde tocáis?

M: Tocamos en una discoteca los sábados y domingos por la noche.

R: Y durante la semana, ¿qué haces?

M: Durante la semana trabajo en una tienda de discos.

R: ¿Te gusta tu trabajo?

M: Sí, me gusta mucho.

R: ¿Por qué te gusta?

M: Principalmente porque tengo la oportunidad de conocer mucha gente joven. Además, allí escucho todos los discos que están de moda. *fashionable*

R: ¿Tienes vacaciones?

M: Sí, tengo tres semanas en verano.

R: ¿Cómo pasas tus vacaciones?

M: Pues, por lo general voy a la playa, tomo el sol y nado. Me gusta mucho la natación.

un tocadiscos — record player

139

R: Bien. Gracias Marcos. Qué tengas mucho éxito en tu carrera artística. Adiós.

M: Adiós.

Habla doña Sofía Alvarez, de 58 años, viuda, de Cádiz.

R: ¿En qué trabaja Vd. doña Sofía?

S: Soy maestra. *teacher*

R: ¿Está contenta con su trabajo?

S: Sí, estoy muy contenta. A mí me gustan mucho los niños.

R: ¿Qué hace Vd. en su tiempo libre?

S: Me gusta leer y escuchar música.

R: ¿Y qué tipo de lectura prefiere? *reading*

S: Prefiero la poesía.

R: ¿Qué poeta le gusta más?

S: Machado. Sus poemas son bellísimos.

R: ¿Qué tipo de música prefiere?

S: La música clásica. Sobre todo Mozart. Es mi compositor favorito.

R: Gracias, doña Sofía. Es Vd. muy amable.

S: De nada.

Habla Alfonso, de 28 años, guía turístico en Las Palmas de Gran Canaria.

R: ¿Te gusta tu trabajo?

A: Sí, me gusta mucho.

R: ¿Por qué te gusta?

A: Por que tengo la oportunidad de practicar los idiomas y de conocer gente de muchos países diferentes.

R: ¿Qué idiomas hablas?

A: Hablo inglés, francés y también un poco de alemán.

R: ¿Qué te gusta hacer en tus ratos libres?

A: Me gusta pintar. Me interesa mucho la pintura.

R: Y durante las vacaciones, ¿qué haces?

A: Durante las vacaciones me gusta viajar al extranjero.

R: ¿Qué países conoces?

A: Conozco Francia, Inglaterra, Alemania y Holanda.

R: ¿Cuál prefieres?

A: Prefiero Inglaterra y Francia.
R: Gracias, Alfonso. Y buena suerte en tu trabajo.
A: Gracias. Adiós.

Habla Julia, de 17 años, alumna de un Instituto Femenino de la ciudad de Barcelona.

R: ¿Qué asignaturas te gustan más?
J: Me gustan los idiomas y la geografía. Los idiomas, sobre todo, me interesan mucho.
R: ¿Qué haces en tus ratos libres?
J: En mis ratos libres me gusta bordar.
R: Y los fines de semana, ¿qué haces?
J: Los sábados voy de compras. Los domingos, generalmente, bordo, veo la televisión o voy al cine. Me encanta el cine.

R: ¿Qué tipo de películas prefieres?
J: Prefiero las películas románticas.
R: ¿Tienes novio?
J: Sí, sí tengo.
R: ¿A tu novio también le gusta el cine?
J: No, a él no le gusta. El prefiere practicar deportes. Le gusta jugar al fútbol.
R: ¿Y a ti no te interesa el fútbol?
J: No, no me interesa en absoluto.
R: Gracias, Julia. Hasta luego.
J: Hasta luego.

Vocabulario

el tiempo libre	*spare time*
el pasatiempo	*pastime*
gustar	*to like*
tocar	*to play (an instrument)*
preferir	*to prefer*
pertenecer	*to belong*
escuchar	*to listen to*
de moda	*in fashion*
nadar	*to swim*

141

la natación	*swimming*
el éxito	*success*
la viuda	*widow*
la maestra	*schoolteacher*
la lectura	*reading*
la poesía	*poetry*
el compositor	*composer*
amable	*kind*
pintar	*to paint*
interesar	*to interest*
la pintura	*painting*
buena suerte	*good luck*
la asignatura	*school subject*
bordar	*to embroider*
la película	*film*
el deporte	*sport*
jugar al fútbol	*to play football*

Notas

Here are some useful ways of

1. **Saying that you like or dislike something**

   (*A mí*)
   - *me gusta* tocar la guitarra.
   - *me gusta* (mucho) la natación.
   - *me gustan* los niños.
   - *no me gusta* el fútbol.

   (*A nosotros*)
   - *nos gusta* leer.
   - *nos gusta* la música clásica.
   - *nos gustan* los idiomas.
   - *no nos gustan* las películas románticas.

2. **Saying what other people like or dislike**

   - A Marcos *le gusta* tocar la guitarra.
   - A doña Sofía *le gusta* la poesía.
   - A Julia *le gustan* los idiomas.
   - Al novio de Julia *no le gusta* ir al cine.

3. **Asking people about their likes or dislikes**

(*A Vd.*)	¿*le gusta* su trabajo?
(*A Vds.*)	¿*les gusta* la música?
(*A ti*)	¿*te gustan* los idiomas?
(*A vosotros*)	¿*os gusta* nadar?

142

4. **Saying that you love something or love doing something**
   (*A mí*)   *me encanta* el cine.
   (*A nosotros*)   *nos encanta* viajar.
5. **Asking people who or what they like most**
   ¿Qué poeta *le gusta más*?   (Machado)
   ¿Qué asignaturas *te gustan más*? (Los idiomas)
6. **Saying what you prefer**
   Prefiero la música moderna.
   (Nosotros) *preferimos* la música clásica.
7. **Saying what other people prefer**
   Marcos *prefiere* la música moderna.
   Doña Sofía *prefiere* la poesía.
   Ellos *prefieren* practicar deportes.
8. **Asking people about their preferences**
   ¿*Qué* música *prefieres* tú?
   ¿*Qué* tipo de lectura *prefiere Vd.*?
   ¿*Prefiere* Vd. leer o escuchar la radio?
   ¿*Cuál* (país) *prefieres*?
9. **Talking about your interests**
   Me interesa (mucho) la pintura.
   Me interesan los idiomas.
   Nos interesa viajar.
10. **Talking about other people's interests**
   A Alfonso *le interesa* la pintura.
   A Julia *le interesan* los idiomas.
   A nosotros *nos interesa* viajar.
11. **Asking people about their interests**
   ¿*Le interesa* (a Vd.) la poesía?
   ¿*Te interesan* (a ti) los idiomas?
   ¿*Les interesa* (a Vds.) viajar?
   ¿*Os interesa* (a vosotros) la pintura?

Preguntas

A. Seleccione la respuesta correcta.
   1. Los fines de semana Marcos
      (a) trabaja en una tienda de discos.
      (b) va a la playa, toma el sol y nada.
      (c) toca la guitarra en una discoteca.

2. Doña Sofía Alvarez trabaja
   (a) en una escuela.
   (b) en una universidad.
   (c) en una biblioteca.
3. A Alfonso le gusta su trabajo porque tiene la oportunidad de
   (a) usar sus idiomas y tener contacto con extranjeros.
   (b) viajar de vacaciones a muchos países extranjeros.
   (c) conocer a mucha gente que le gusta la pintura.
4. Al novio de Julia le gusta
   (a) leer revistas sobre fútbol.
   (b) practicar deportes.
   (c) ver el fútbol en la televisión.

B. Responda en español.

(a) 1. ¿Cuál es el pasatiempo favorito de Marcos?
    2. ¿Qué tipo de música prefiere?
    3. ¿Dónde toca?
    4. ¿Qué hace durante la semana?
    5. ¿Le gusta su trabajo? ¿Por qué?
    6. ¿Qué hace durante las vacaciones?
    7. ¿Qué deporte le gusta?

(b) 1. ¿Le gusta su trabajo a doña Sofía?
    2. ¿Qué le gusta hacer en su tiempo libre?
    3. ¿Qué tipo de lectura prefiere?
    4. ¿Qué poeta le gusta más?
    5. ¿Qué música le gusta más?
    6. ¿Prefiere algún compositor en especial?

(c) 1. ¿En qué trabaja Alfonso?
    2. ¿Le gusta su trabajo? ¿Por qué?
    3. ¿Qué idiomas habla?
    4. Aparte de su trabajo, ¿qué le interesa?
    5. ¿Qué le gusta hacer en las vacaciones?
    6. ¿Conoce muchos países? ¿Qué países?
    7. ¿Cuáles prefiere?

(d) 1. ¿Qué asignaturas le gustan más a Julia?
    2. ¿Qué hace en sus ratos libres?
    3. ¿Qué hace los fines de semana?
    4. ¿Le gusta el cine?
    5. ¿Qué tipo de películas prefiere?
    6. ¿Le gusta el cine a su novio?
    7. ¿Le interesa el fútbol a Julia?

Práctica oral

1. Study this dialogue. It's part of a conversation with Julia.

A: ¿Qué te gusta hacer en tu tiempo libre?
B: Me gusta bordar.

Now use these ideas to make up similar dialogues.

(a) ¿los fines de semana?/ir de compras, ver la televisión, ir al cine.
(b) ¿durante las vacaciones?/ir a la playa, tomar el sol, nadar.
(c) ¿los días sábados?/salir con mis amigos, ir a una discoteca.
(d) ¿los días domingos?/levantarme tarde, estar todo el día en casa, leer,
   escuchar la radio.

2. Study this dialogue. It's part of a conversation with doña Sofía.

A: ¿Qué le gusta hacer en sus ratos libres?
B: Me gusta leer y escuchar música.
A: ¿Qué tipo de música prefiere?
B: Prefiero la música clásica.

Now use suitable phrases from the tables below to form similar dialogues.

PASATIEMPO FAVORITO	PREFERENCIA
ir al cine	programas deportivos
escuchar discos	poemas de amor
practicar deportes	comida italiana
ver la televisión	películas musicales
ir a restaurantes	jugar al tenis
leer poesía	música latinoamericana

3. Complete this questionnaire by ticking the appropriate boxes.

PASATIEMPO	ME GUSTA	ME ENCANTA	NO ME GUSTA
Escuchar música			
Ir al cine			
Salir con amigo/a			
Estar en casa			
Mirar tiendas			
Escuchar la radio			
Ir a fiestas			
Ayudar en casa			
Practicar deportes			
Ir a cafeterías			
Ver TV			
Ir a conciertos			

Study these dialogues.

(a) A: ¿Te gusta escuchar música?
   B: Sí, me gusta. ¿Y a ti?
   A: A mí también me gusta.

(b) A: ¿Te gusta ir al cine?
   B: Sí, me encanta, ¿Y a ti?
   A: Sí, a mí también me encanta.

(c) A: ¿Te gusta salir con amigos?
   B: No, no me gusta. ¿Y a ti?
   A: No, a mí tampoco me gusta.

(d) A: ¿Te gusta estar en casa?
   B: Sí, me gusta. ¿Y a ti?
   A: No, a mí no me gusta.

Now team up with three or four students and go through each item in the questionnaire asking and answering questions as in the dialogues above.

4. Look at this questionnaire. Indicate what you like or dislike by ticking the appropriate box in column A.

CUESTIONARIO				
	A		B	
¿LE GUSTA(N)?	Sí	No	Sí	No
La música popular				
La música española				
La música clásica				
La música folklórica				
La música latinoamericana				
El tenis				
El fútbol				
El boxeo				
El ping pong				
La natación				
Las películas de terror				
Las películas musicales				
Las películas del oeste				
Las películas históricas				
Las películas románticas				

Study these dialogues.

(a) A: ¿Te gusta la música popular?
    B: Sí, me gusta.

(b) A: ¿Te gusta el tenis?
    B: No, no me gusta.

(c) A: ¿Te gustan las películas de terror?
    B: Sí, me gustan.

Now get together with another student and ask him similar questions. Fill in column B with his replies.

5. Study this dialogue.

  A: ¿Le gusta a Vd. la música clásica?
  B: Sí, me gusta la música clásica, pero prefiero la música moderna.

At a party you meet someone you don't like very much.

  A: ¿Le gusta a Vd. Madrid?
  B: (Say you like Madrid but you prefer Barcelona.)
  A: ¿Le gusta a Vd. la playa?
  B: (Say you like the beach but you prefer the mountains.)
  A: ¿Le gusta a Vd. el vino?
  B: (Say you like wine but you prefer beer.)
  A: ¿Le gustan a Vd. las ciudades grandes?
  B: (Say you like big cities but you prefer small towns.)
  A: ¿Le gusta a Vd. salir de excursión?
  B: (Say you like going on excursions but you prefer to go to the beach and sunbathe.)
  A: ¿Le gusta a Vd. estar con amigos?
  B: (Say you like being with friends but you prefer to be alone now.)

You meet a married couple. Ask the correct questions.

  A: ¿Qué (*le/te/les*) gusta hacer por las tardes?
  B: Nos gusta escuchar discos.
  A: ¿Qué tipo de música (*prefieres/prefieren/prefiere*)?
  B: Preferimos la música latinoamericana.
  A: ¿(*Les/le/te*) gusta ir al cine?
  B: Sí, también nos gusta ir al cine.
  A: ¿Qué tipo de películas (*prefieren/prefiere/prefieres*)?
  B: Preferimos las películas musicales.

148

6. **Get together with another student and imagine yourselves in these situations:**
You work as a journalist for a Spanish newspaper. In a café you meet a famous pop star from abroad.
(*Use the formal form.*)
(a) Ask him if he likes Spain.
(b) Ask him if he likes the hotel.
(c) Ask him if he likes Spanish food. *la comida*
(d) Ask him what he likes to do during the day.
(e) Ask him if he's interested in flamenco. *Le gusta a Vd en Flamen*
     (*He's not interested*)
(f) Ask him if he likes talking to journalists.
     (*He doesn't like it.*)

You are talking to a friend from another school.
(*Use the familiar form.*)
(a) Ask him if he likes the school.
(b) Ask him which subjects he likes best.
(c) Ask him if he's interested in languages.
(*He is interested.*)
(d) Ask him which language he prefers.
(*He prefers Spanish.*)

Práctica escrita

1. Read this paragraph. It tells you what Julia likes to do in her spare time.
En su tiempo libre a Julia le gusta bordar, ir de compras, ver la televisión e ir al cine.

Now use this information to write similar paragraphs.
(a) Marcos/ir a la playa, tomar el sol, nadar, tocar la guitarra.
(b) Sofía/quedarse en casa, leer poesía, escuchar música clásica.
(c) Alfonso y su novia/salir con amigos, ir a bailar, jugar a las cartas, leer novelas.

Ask another student what he likes to do in his spare time. Use his answers to write another paragraph like the one above.

2. Read this paragraph. It's an extract from a letter.
Las asignaturas que más me gustan son el español y el francés. La historia y la geografía, sin embargo, no me interesan en absoluto.

En cuanto a mi tiempo libre, me gusta leer, escuchar música y jugar al tenis.

En mis vacaciones prefiero ir al campo. Me encanta salir de paseo y hacer camping durante el verano . . .

Now look at this list of school subjects and indicate which ones you like ($\sqrt{}$) and which ones you dislike ($\times$).

¿QUE ASIGNATURA LE GUSTA MAS?

la biología	los idiomas
la química	la música
la física	el dibujo
las matemáticas	las labores
la geografía	los trabajos manuales
la historia	la educación física
la economía	la religión

Now say where you prefer to spend your holidays.

¿DONDE PREFIERE
PASAR SUS
VACACIONES?

en la playa
en el campo
en la montaña
en la ciudad
en casa

Now imagine that your are writing to a penfriend for the first time. Write a paragraph similar to the one above.

3. Read this advertisement and the letters overleaf. They have been written by people who are looking for a partner.

CORREO
DEL
CORAZON

¿POR QUE ESTAR SOLO?

¿Desea relacionarse con chicas o chicos de su misma población, de cualquier parte de España o del extranjero, con personalidad semejante a la suya?

¿Es usted viuda o viudo y desea rehacer su vida?

Solicite información, indicando edad y estado civil, a

Centro de Relación
por Correspondencia.
Apartado 50.365.
MADRID.

151

Dama sincera

Tengo 38 años. Magnífica salud. Soy española, hablo dos idiomas, trabajo en publicidad. Soy optimista, inteligente, sincera y modesta. Me gusta la música, el baile y la playa. Me encantan los niños. Me interesa conocer a un caballero respetable, honesto, soltero o viudo, interesado en Yoga.
Lola,
Calle Salvador Dalí 13,
Gerona, España.

Estoy muy sola   *very lonely*

Chica española, bonita, simpática, quiere amistad con fines matrimoniales con joven no mayor de 25 años, preferentemente británico, de buena presencia, sin problemas económicos. A mí me gusta la música, la buena lectura, las revistas ilustradas. Me encanta cocinar. Amo a toda la humanidad. **Escribir a María de los Angeles, enviando foto tamaño pasaporte.**
Avenida Miramar 489,
Santa Cruz de Tenerife,
España.

Sevillano solitario

Soy moreno, de ojos negros, 42 años, alto y muy atractivo, soltero y muy solo. Tengo una buena posición económica. Me gustan los toros y el fútbol. Quiero tener correspondencia con señorita de cualquier nacionalidad, con fines serios. Yo hablo un poquito de inglés y francés. Más información por Correos. **by post**
Paco,
Calle La Ilusión 100,
Sevilla, España.

Urgente

Viudo, 62 años, con 8 hijos quiere rehacer su vida y conocer viuda o señorita no mayor de 40 años, honesta, alta, de ojos verdes, delgada, para formar un hogar. A mí me gusta la vida tranquila. Soy un hombre culto, serio y responsable. No fumo ni bebo. Me encanta bailar. No soy muy atractivo, pero sí muy sincero.
Alfredo.
Apartado 8954216,
Palma de Mallorca,
España.

ELLOS Y NOSOTRAS

AMISTAD

● Miguel Felip Roig, que vive en Vilassar de Dalt (Barcelona), en la calle San Antonio, 4, desea correspondencia con chicos y chicas de todas las edades a las que les guste la música moderna.

● Emilio López Santiago, de diecisiete años, nos escribe desde Avilés. Desea recibir cartas de chicos y chicas de 16 a 20 años para intercambiar amistad y postales. Su dirección es: Calle Monte Aramo, 10. Llanares-Avilés (Asturias).

● José Alfredo Royo Medina, escribe desde Badajoz, vive en la Avenida del Pilar, s/n. Tiene treinta y cinco años y es viudo. Quiere formar parte de nuestro club y recibir vuestras cartas. Es diseñador de modas y le gusta la escritura.

Now write letters (a) describing yourself and the kind of person you would like to meet; (b) replying to one or more of the letters above.

152

PASATIEMPOS

Como en otros países de Europa, uno de los pasatiempos favoritos de la familia española es la televisión.

Para la juventud, sin embargo, la televisión es menos importante y son la música, el cine, la lectura y los amigos los que ocupan la mayor parte de su tiempo libre.

Los deportes, especialmente el fútbol, son también muy populares en España, aunque el número de personas que practica deportes es, quizás, inferior al de otros países europeos.

En general, los españoles dedican menos tiempo a la lectura que los ingleses, alemanes o franceses.

Después del trabajo, el bar o la taberna es el centro de reunión para los hombres, especialmente en los pueblos más pequeños.

Los sábados y domingos las actividades más populares son el baile, el cine o el teatro.

Las corridas de toros, consideradas por muchos como la fiesta nacional, tienen cada vez menos popularidad.

Como en otros países europeos, al español de la ciudad le gusta escapar los fines de semana hacia el campo, la costa o la montaña.

153

Tiempo libre

CINE

Viridiana. Por fin está en cartel, en España, la primera y galardonada película española de Luis Buñuel, *Viridiana*, realizada en 1961 y gran premio de Cannes.

TEATRO

El cementerio de coches. Vaya usted a ver *El cementerio de coches*, del escritor español exiliado, Fernando Arrabal, que se proyecta en el Teatro Barceló, de Madrid.

DEPORTES

Fútbol y autonomía

Mañana domingo juegan en el estadio Santiago Bernabeu el **Real Madrid** y el **Barcelona Fútbol Club**, los dos equipos más representativos del fútbol español, que lo son también de las dos ciudades más grandes de España.

El partido de mañana coincide con rumores sobre la posibilidad de formar una selección de Cataluña o del País Vasco, similares a las selecciones que existen en Gran Bretaña en el País de Gales, Escocia e Inglaterra.

Evita en español

Ya está a la venta una nueva versión en español de **No llores por mí, Argentina**, interpretada por la popular cantante-actriz Natalia Villagra. La versión de Natalia, que es un éxito indiscutible, está a la venta en todas las casas de discos del país.

154

PROGRAMAS DE TELEVISION
sábado

SOBREMESA

2.00 **BRUJULA**
Color Realizador: Manuel Esteva.
Equipo de redacción: Salvador Coberó, Manuel Esteva, Gillén Frontera, Toni Moreno.
Este espacio pretende orientar al espectador de televisión sobre aquellas facetas que pueden ayudarle en su tiempo libre del fin de semana. La lectura, la radio . . .

NOCHE

6.20 **UN GLOBO, DOS**
Color **GLOBOS, TRES**
GLOBOS.
TODOS LOS CUENTOS: «Cuento de Angela».
Realizador: Manuel Garrido.
Narrador: Angela Julián.
Nuevo espacio de esta serie dedicado a recoger los cuentos populares españoles que se conservan y transmiten por tradición oral y forman parte de la cultura folklórica española.

7.30 **LAS REGLAS**
Color **DEL JUEGO**
«La Guerra».

8.30 **TELEDIARIO**
Color Segunda edición.

9.05 **LOS RIOS**
Color Guión y texto: Eduardo Delgado.
Realizador: José Castanyer.
Asesor Literario: Pedro de Lorenzo.
Río de España, que nace en la sierra de Tolox, pasa por las provincias de Málaga y Cádiz y desemboca en el Mediterráneo después de 183 Km.

9.35 **ESPECIAL**
Color **MUSICAL**
«La Chunga».
Realizador: Mario González.

10.45 **ULTIMA HORA**
Color

11.00 **DESPEDIDA Y**
Color **CIERRE**

155

«ME GUSTA MAS JUGAR QUE ESTUDIAR»

El príncipe Felipe, hijo menor de los Reyes de España, don Juan Carlos y doña Sofía, es un gran amante de los deportes. Además de practicar el judo cada día, juega al fútbol, hace natación, esquí acuático, vela y gimnasia.

—¿Cuál es tu deporte favorito?
—Me da lo mismo.
—¿Y el que más practicas?
—Todos, pero en casa monto mucho en bicicleta.
—¿Te acompañan tus hermanas?
—Sólo a veces, no mucho.
—¿Qué prefieres, jugar o estudiar?
El Príncipe es categórico a la hora de contestar:
—Jugar.

En verano, el príncipe Felipe pasa sus vacaciones con sus padres en Palma de Mallorca, donde suele realizar un cursillo de vela.

FIN DE SEMANA

Es una tarde de domingo. En casa de Laura y Esteban están sus amigos Marcelo y María José.

Esteban: ¿Qué queréis hacer esta tarde?

M. José: Yo quiero ir al cine.

Marcelo: A mí me gustaría ir al fútbol. Hoy juega el Real Madrid.

M. José: No, al fútbol no. Mejor vamos al cine.

Esteban: Sí, me parece una buena idea. ¿Qué te parece Laura?

Laura: De acuerdo. Vamos. Pero ¿qué película queréis ver?

M. Mosé: En el Cine Real ponen *Cría Cuervos* y en el Cine Bellver ponen *El Día de la Ira* y *El Tesoro de los Tiburones.*

Esteban: Vamos a ver *Cría Cuervos.* Según el periódico, es bastante buena.

Marcelo: ¿A qué hora empieza la película?

Esteban: Hay una sesión a las seis y media.

Camino del cine encuentran a Clara.

Laura: ¡Hola! ¿Quieres venir al cine con nosotros?

Clara: No, gracias. No puedo. Esta noche salgo con unas amigas. Queremos ir al teatro.

Laura: ¿Tienes algo que hacer mañana?

Clara: No, nada.

Laura: ¿Por qué no vienes a cenar a casa?

Clara: Encantada. ¿A qué hora?

Laura: A eso de las nueve.

Clara: Vale. Hasta mañana. ¡Qué os vaya bien!

Laura: Hasta mañana.

A la entrada del cine hay bastante gente. Esteban hace cola para comprar las entradas.

En la Taquilla

Esteban: Deme cuatro entradas, por favor.

Chica: ¿Dónde las quiere?

Back *Front*

¿Atrás o adelante?

Esteban: Atrás.

Chica: Tengo en la fila dieciséis.

Esteban: ¿No tiene más atrás? *further back*

Chica: Sí, pero separadas. Tengo dos en la fila dieciocho y dos en la diecinueve.

Esteban: Sí, está bien. ¿Cuánto es?

Chica: Son seiscientas pesetas. *usher*

En el cine Esteban le da las entradas al acomodador. El acomodador les lleva a los asientos. Esteban le da cinco pesetas de propina.

> # se prohibe
> # fumar

En los cines españoles está prohibido fumar.

Durante el descanso la gente sale a fumar y a comprar caramelos y bebidas. En un rincón conversan dos señores.

Señor A: ¿Fuma?

Señor B: No, gracias.

No fumo.

Clara y sus amigas van al Teatro Colón a comprar entradas para la función de esa tarde.

Clara: Quisiera entradas para la función de esta tarde.

Chica: Para esta tarde no quedan entradas. *no tickets left*

Clara: ¿Y para la función de la noche tiene?

Chica: Sí, para la noche sí.

Clara: ¿A qué hora empieza?

Chica: Empieza a las diez y media.

Clara: Vale.

Chica: ¿Cuántas entradas quiere?

Clara: Quiero tres. En el centro, si es posible.

Chica: En la fila diez. ¿Está bien?

Clara: Sí, está bien.

Chica: Son seiscientas sesenta pesetas.

Clara: Aquí tiene. Gracias.

TEATRO COLON

ULTIMA REPRESENTACION

de la obra de

Valle Inclán

Divinas Palabras

con la **Compañía de Nuria Espert**

Funciones a las 6,30 y 10,30

Vocabulario

vamos	*let's go*
parecer	*to seem*
de acuerdo	*I agree/agreed*
poner una película	*to show a film*
el cuervo	*raven*
la ira	*anger*
el tesoro	*treasure*
el tiburón	*shark*
según	*according to*
la sesión	*showing (cinema)*
la entrada	*entrance/ticket*
hacer cola	*to queue*
atrás	*at the back*
adelante	*in front*
la fila	*row*
el acomodador	*usher*
el asiento	*seat*
prohibir	*to forbid*
el descanso	*interval*
los caramelos	*sweets*
la función	*performance*

Notas

Here are some useful ways of

1. **Saying what you want to do**
   Quiero ir al cine.
   Queremos ir al teatro.

2. **Saying what you would like to do**
   Me gustaría ir al fútbol.
   Quisiera ir al fútbol.

3. **Saying what other people want to do**
   María José *quiere* ir al cine.
   Marcelo *quiere* ir al fútbol.
   Laura y Esteban *quieren* ir al cine.

4. **Asking people what they want to do or what they would like to do**
   ¿Qué queréis hacer esta tarde?
   ¿Qué os gustaría hacer esta tarde?
   ¿Qué quiere hacer Vd.?
   ¿Qué le gustaría hacer a Vd.?
   ¿Qué quieres hacer tú?
   ¿Qué te gustaría hacer a ti?

5. **Making suggestions**
   Vamos al cine.
   Vamos a ver *Cría Cuervos*.
   ¿Por qué no vamos al cine?

6. **Asking people what they think of a suggestion**
   ¿Qué le parece a Vd.?
   ¿Qué te parece a tí?
   ¿Le parece bien?
   ¿Te parece bien?
   ¿Os parece bien?
   ¿Está Vd. de acuerdo?
   ¿Estás de acuerdo?

7. **Agreeing with a suggestion**
   Sí, está bien.
   Me parece bien.
   Nos parece una buena idea.
   De acuerdo.
   Vale.

8. **Disagreeing with a suggestion**
   No estoy de acuerdo.
   No me parece bien.

161

9. **Inviting people to do something**
   ¿Quieres venir al cine con nosotros?
   ¿Por qué no vienes a cenar a casa?
   ¿Le gustaría venir al teatro conmigo?
10. **Accepting an invitation**
   Gracias.
   Encantada(o).
   Con mucho gusto.
11. **Refusing an invitation**
   No, gracias.
   Lo siento, no puedo.
   Desgraciadamente no puedo.

Preguntas

A. Seleccione la respuesta correcta
1. A Marcelo le gustaría ir
   (a) al teatro.
   (b) al cine.
   (c) al fútbol.
2. Clara no puede ir al cine porque
   (a) quiere visitar a unas amigas.
   (b) va a salir con unas amigas.
   (c) la van a visitar unas amigas.
3. Antes de entrar al cine Esteban
   (a) hace cola.
   (b) compra caramelos.
   (c) fuma un cigarrillo.

B. Responda en español.
(a) 1. ¿Qué película ponen en el Cine Real?
   2. ¿Y en el Cine Bellver?
   3. ¿Qué película van a ver?
   4. ¿Qué dice el periódico sobre la película?
   5. ¿A qué sesión van?
(b) 1. ¿A quién encuentran camino del cine?
   2. ¿Adónde quieren ir Clara y sus amigas?
   3. ¿Tiene algo que hacer Clara al día siguiente?
   4. ¿Con quién va a cenar?
(c) 1. ¿Por qué hace cola Esteban?
   2. ¿Quiere entradas atrás o adelante?

3. ¿En qué fila están las entradas que compra?
4. ¿Cuánto paga?
5. ¿A quién le da las entradas Esteban?

(d) 1. ¿Por qué no fuma la gente en el cine?
    2. ¿Qué hace la gente durante el descanso?

(e) 1. ¿A qué función van Clara y sus amigas?
    2. ¿Por qué no van a la función de la tarde?
    3. ¿A qué hora empieza la función?
    4. ¿Cuántas entradas compra?
    5. ¿En qué fila?
    6. ¿En qué parte del teatro?
    7. ¿Cuánto paga?

Práctica oral

1. Study this dialogue. Three friends are discussing what to do for the evening.

A: ¿Qué queréis hacer esta noche?
B: Yo quiero ir al cine.
C: A mí me gustaría ir al fútbol.

Now team up with two other students and use these ideas to form similar dialogues.

A	B	C
(a) ¿el sábado?	salir de excursión	ir a la piscina
(b) ¿mañana?	visitar el museo	quedarse en casa
(c) ¿hoy?	ir a la playa	salir de paseo
(d) ¿esta tarde?	ver la TV	ir a tomar una copa
(e) ¿el domingo?	ir al fútbol	ir a los toros

2. Study this dialogue. A is suggesting ways of spending a Saturday afternoon. B agrees with the suggestion. C disagrees and wants to do something different.

A: Vamos al campo. ¿Qué le parece?
B: Sí. Me parece una buena idea. ¡Vamos! Y Vd., ¿quiere venir con nosotros?
C: No, gracias. Al campo no. Yo quiero ir a la montaña.

163

Now get together with two other students and use these ideas to form similar dialogues.

	A	B	C
(a)	al museo	Sí/excelente idea	No/al bar
(b)	al castillo	Sí/me parece muy bien	No/al mercado
(c)	a la ópera	Sí/estupendo	No/al ballet
(d)	a un concierto	Sí/de acuerdo	No/al teatro
(e)	de compras	Sí/magnífica idea	No/al parque

3. Study this dialogue.

En la Taquilla del Cine

booking office

A: ¿Qué película ponen esta noche?
B: Cría Cuervos.
A: ¿A qué hora es la última sesión?
B: A las diez y cuarto.
A: Quisiera dos entradas, por favor.
B: ¿Dónde las quiere?
A: Adelante.
B: Aquí tiene. Fila siete.
A: ¿Cuánto es?
B: Son trescientas pesetas.

You want to go to the cinema.

A: (Ask which film they are showing today.)
B: El Espíritu de la Colmena.
A: (Ask what time the first performance is.)
B: La primera sesión es a las cuatro y cuarto.
A: (Say you would like three tickets please.)
B: ¿Dónde las quiere?
A: (At the back.) *Atrás*
B: Aquí tiene. Fila veintiséis.
A: (Ask how much it is.)
B: Son cuatrocientas cincuenta pesetas.

You want to see a play.

A: (Ask if there is a performance tonight.)
B: Sí, hay una función a las diez y media.
A: (Ask what time the performance finishes.)
B: Termina a las doce y media.
A: (Ask if there are tickets.)
B: Tenemos solamente atrás. *back*

A: (Say it's all right. Ask how much the tickets are.)

B: Las entradas de atrás cuestan ciento veinte pesetas.

A: (Say you would like four tickets please.)

B: Tenga. Son cuatrocientas ochenta pesetas.

A: (Here you are. Thank you.)

4. Study this dialogue.

Una Invitacion

A: ¿Le gustaría cenar con nosotros esta noche?

B: Me gustaría mucho, pero esta noche no puedo. Muchas gracias.

A: ¿Y mañana?

B: Sí, mañana está bien. Encantado(a).

A: A las nueve y media. ¿Le parece bien?

B: De acuerdo.

A: Hasta mañana, entonces.

B: Hasta mañana.

165

You are very popular. You've had several invitations recently.

A: ¿Le gustaría venir a comer conmigo este sábado?

B: (Say you are sorry. Say you would like to very much but this Saturday you can't.)

A: ¿El domingo, entonces?

B: (Unfortunately on Sunday you can't either.) *tan poco*

A: ¿Qué le parece el sábado próximo?

B: (Yes. Next Saturday is all right.)

A: A la una y media. ¿Le parece bien?

B: (Yes. That's fine. Thank you very much.)

A: Hasta el próximo sábado.

B: (Goodbye.)

You meet an old friend of yours.

A: ¿Quieres venir a una discoteca mañana por la noche?

B: (Accept the invitation. Thank him.)

A: A las diez. ¿Qué te parece?

B: (It seems a bit early to you. Suggest eleven o'clock. Ask him what he thinks.) *Quizás - perhaps.*

A: Sí. Vale. Hasta mañana.

B: (Until tomorrow.)

5. **Get together with another student and imagine yourselves in these situations:**

   You are staying at a small *pensión* **in Spain. You are talking to the person in charge.**

   (*She asks what time you want to have breakfast.*)

   Quisiera
   (a) Say you would like to have breakfast at seven o'clock because
   (b) you want to leave early for Madrid.
   (c) Say you would like to pay the bill now.

You are with a friend.

   (*Use the familiar form.*)
   (a) Ask him what he wants to do this evening.
       (*He would like to go out.*)
   (b) Ask him where he would like to go.   *a donde*
       (*He doesn't know.*)
   (c) Suggest going to the cinema.
   (d) Ask him what he thinks.
       (*He agrees.*)
   (e) Say at the *Cine Real* they're showing *Elisa Vida Mía*.
       (*He would like to see that film.*)

166

Now look at the Entertainments Page and vary the situation above.

ESPECTACULOS

CINE

GRAN VIA.—6,30, 9,30: Buscando el señor Goodbar. ¡Gran éxito de crítica y público! Mayores 18 años.

LOPE DE VEGA.—6,30, 9,30: Fiebre del sábado noche. ¡Música de Los Bee Gees! Mayores 18 años.

MOLA.—4,30: El blanco, el amarillo y el negro (Guilianno Gemma). Dirigida por Sergio Corbucci. Autorizada para todos los públicos. 7, 10: Aventuras de un detective privado. Mayores 18 años.

NOVEDADES.—4, 6,45 tarde, 10 noche: Encuentros en la tercera fase. Un filme de Steven Spielberg (director de Tiburón). Dolby System. Panavisión. Tolerada.

TEATRO

Estreno de "No hablaré en clase", en la Sala Cadarso

Práctica escrita

1. Read this invitation.

Querida Patricia: ¿Te gustaría venir a mi casa el sábado a eso de las ocho y media? Hay un restaurante indio bastante bueno cerca de la Plaza España. Podemos cenar allí y luego vamos a un cine. ¿Qué te parece? Si estás ocupada escríbeme una nota o llámame por teléfono al trabajo. El número es el 675 48 11.
Abrazos,
María José

Now use these phrases to write similar notes.

(a) a mi oficina/el viernes/alrededor de las nueve menos cuarto/ restaurante chino/muy bueno/Calle de Santa Inés/cenar allí/vamos a bailar/¿de acuerdo?/escríbeme una nota o llámame por teléfono oficina/número 794312.

(b) a mi apartamento/el domingo/a eso de la una y media/restaurante griego/estupendo/a diez minutos de aquí/comer allí/vamos a la playa/¿te parece bien?/escríbeme una nota o llámame por teléfono casa de mis padres/número 410958.

Now write a similar note of your own.

2. Read this note accepting an invitation.

Gracias por tu invitación. Las ocho y media me parece bien.
Hasta el sábado,

Now write similar notes accepting invitations (a) and (b) above.

3. Read this note declining an invitation.

Gracias por tu invitación. Me gustaría mucho ir, pero desgraciadamente el sábado no puedo. ¿Otro día quizás?
Hasta pronto,

Now write similar notes declining invitations (a) and (b) in Section 1.

FIESTAS

La **Navidad**, el **Año Nuevo**, el **Día de los Reyes Magos** y la **Semana Santa** son fiestas nacionales en las que participan todos los españoles.

El 6 de enero es el Día de los Reyes Magos. Este es el día en que los niños españoles reciben sus regalos de Navidad.

Siendo España un país católico, muchas de sus fiestas tienen un carácter religioso y muchas veces coinciden con la conmemoración del santo patrono de la localidad.

Cada diesta es particular y diferente de las demás. Todas ellas están basadas en antiguas tradiciones. Por la mañana tienen lugar las ceremonias religiosas que generalmente consisten en una misa y una procesión. Luego vienen los bailes, las canciones y la música típicos de cada región.

Hay fiestas locales, en las que participan principalmente los habitantes del pueblo y de los alrededores. Otras fiestas atraen gente de todas partes de España y del extranjero.

Las Fallas de Valencia

Las Fallas de Valencia se celebran entre el 12 y el 19 de marzo de cada año. Semanas antes de las fiestas se construye un gran número de figuras e imágenes de papel y cartón que representan las más diversas escenas de la vida diaria, así como aspectos sociales y políticos del País Valenciano y de España en general, muchos de ellos tratados en forma satírica. Estas imágenes se queman en la noche de San José.

Semana Santa sevillana

En Sevilla todos participan en la Semana Santa, verdadera fiesta de la ciudad.

Para los sevillanos, la Semana Santa es la auténtica fiesta popular de Sevilla. De una manera u otra, todos participan en ella.

Las celebraciones de Semana Santa duran ocho días y en todos los sectores de Sevilla se organizan procesiones en honor de Cristo y de la Virgen. Miles de personas, españoles y extranjeros, se concentran a la salida de las iglesias, en las puertas de las tabernas, en los balcones de las casas para ver pasar las procesiones. En la noche del Jueves al Viernes Santo el número de personas se calcula en más de medio millón.

Participar en una procesión es un honor. Dos o tres generaciones— abuelos, padre e hijo—acompañan a veces al mismo Cristo y a la misma Virgen.

¿POR DONDE SE VA?

VEINTIUNO

En todas las ciudades importantes de España existen hoy en día institutos o centros de estudios para extranjeros. Jóvenes y adultos de distintos países van allí a aprender español.

En Palma de Mallorca existe uno de estos centros. John, un estudiante inglés, está haciendo un curso de español para extranjeros. Esta es la primera vez que John visita Palma. Por la mañana, John asiste a clases. Por la tarde, visita los sitios de interés que hay en la ciudad y en la Isla.

Camino de la estación.

John: ¿Por dónde se va a la estación, por favor?
Guardia: Siga todo derecho por la Calle Olmos y cruce la Plaza España. La estación está frente a la Plaza.
John: Muchas gracias.
Guardia: De nada.

En busca de un teléfono público.
John: Perdone, ¿hay algún teléfono público por aquí?
Senor: Sí. Siga todo derecho por la Calle San Miguel hasta la Plaza Olivar; luego doble a la izquierda. En la esquina hay un teléfono.
John: Muchas gracias.
Senor: De nada.

172

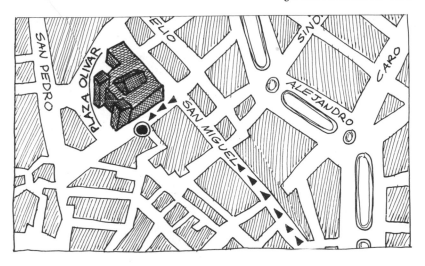

INSTRUCCIONES

TELEFONO PUBLICO

Comuníquese, telefonée.

- Deposite monedas de
  5 pesetas.
- Descuelgue el microteléfono.

- Espere tono de marcar.

- Marque el número deseado.

A la discoteca el sábado por la noche.

John: ¿Sabe Vd. donde está la Discoteca México Lindo?

Señor: Sí. Está un poco lejos de aquí. Coja el autobús número veinticuatro en la Plaza España y bájese en el Parque San Fernando. La Discoteca está frente a la parada del autobús.

John: Gracias.

Señor: De nada.

En coche hacia Valldemosa.

John: ¡Oiga! ¿Cuál es el camino a Valldemosa, por favor?

Guardia: Suba Vd. por la Calle San Miguel, doble a la derecha en la Plaza España y luego tome la carretera que va a Soller.

John: ¿Está muy lejos?

Guardia: Está a unos treinta kilómetros más o menos.

John: Gracias.

Guardia: De nada.

Vocabulario

distintos	*different*
hacer un curso	*to do a course*
asistir	*to attend*

175

el sitio	*place*
siga todo derecho	*go straight on*
cruzar	*to cross*
hasta	*as far as*
doblar a la izquierda	*turn left*
depositar	*to put in*
la moneda	*coin*
descolgar	*to lift (receiver)*
el microteléfono	*receiver*
el tono de marcar	*dialling tone*
marcar	*to dial*
coger	*to take (bus, train, etc.)*
bajarse	*to get off*
la parada del autobús	*bus stop*
el camino	*road/way*
doblar a la derecha	*turn right*
la carretera	*main road*

Notas

Here are some useful ways of

1. **Asking the way**
   ¿Por dónde se va a la estación, por favor?
   ¿Cuál es el camino a Valldemosa?

2. **Giving directions**
   Siga todo derecho.
   Cruce la plaza.
   Doble a la izquierda.
   Doble a la derecha.
   Coja el autobús número veinticuatro.
   Bájese en el Parque San Fernando.
   Suba por esta calle.
   Baje por esta calle.
   Tome la carretera que va a Soller.

3. **Attracting somebody's attention**
   ¡Oiga!
   Perdone.

Preguntas

A. Seleccione la respuesta correcta.

1. John viene a España a
   - (a) aprender español.
   - (b) visitar a un amigo español.
   - (c) trabajar en una discoteca.
2. John asiste a clases
   - (a) solamente por la tarde.
   - (b) por la mañana y por la tarde.
   - (c) solamente por la mañana.

B. Responda en español.

1. ¿Conoce Palma John?
2. ¿Qué pregunta John al señor
3. ¿Dónde está la estación?
4. ¿Hay algún teléfono público cerca de la Plaza Olivar?
5. ¿Qué hace John para usar el teléfono?
6. ¿Qué autobús coje para ir a la Discoteca?
7. ¿Dónde se baja?
8. ¿Dónde está la Discoteca?
9. ¿Qué carretera toma para ir a Valldemosa?
10. ¿Está muy lejos Valldemosa?

Práctica oral

1. Study this dialogue.

A: ¿Por dónde se va a la Oficina de Turismo, por favor?
B: Siga todo derecho por la Calle de Quintana y cruce la Plaza de la Iglesia. La Oficina de Turismo está frente a la Plaza, al lado de Correos.
A: Muchas gracias.
B: De nada.

Now imagine that you are visiting a town for the first time. Ask how to get to these places.

- (a) El mercado.
- (b) El museo.
- (c) Telégrafos.
- (d) La terminal de autobuses.
- (e) El Consulado Británico.
- (f) El Ayuntamiento.

You are looking for the Post Office.

A: (Ask how to get to the Post Office.)
B: Siga todo derecho por la Calle de Quintana y cruce la Plaza de la

177

Iglesia. Correos está frente a la Plaza, al lado de la Oficina de Turismo.

A: (Thank you.)

B: De nada.

A woman comes along. She looks lost.

A: ¿Por dónde se va a la Iglesia de Santa Eulalia, por favor?

B: (Tell her to go straight along Calle de Morey and to cross Plaza Santa Eulalia. The Church is opposite the Plaza.)

A: Muchas gracias.

B: (You're welcome.)

2. Study this dialogue.

A: Perdone, ¿hay algún banco por aquí?

B: Sí. Siga todo derecho por la Avenida Colón hasta la Plaza Cort; luego doble a la derecha. En la esquina hay un banco.

A: ¿Está muy lejos?

B: No, está a cuatro calles de aquí.

A: Gracias.

B: De nada.

You are looking for

(a) Un teléfono.

(b) Una farmacia.

(c) Una panadería.

(d) Un estanco.

(e) Un garage.

(f) Una estación de servicio.

178

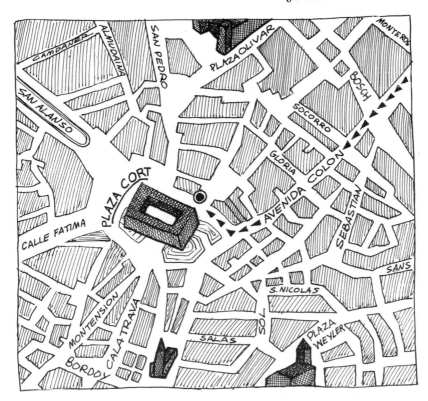

Ask if there is one nearby.

A tourist comes along. He's looking for a supermarket.

A: Perdone, ¿hay algún supermercado por aquí?

B: (Yes. Tell him to go straight along Calle Platería as far as Calle Teros, then turn right. Go along Calle Teros as far as Calle Vidriera. There is a supermarket at the corner.)

A: ¿Está muy lejos de aquí?

B: (No, it's quite near. Only four or five streets from here.)

A: Muchas gracias.

B: (You're welcome.)

Now you are looking for a place to have your watch repaired. You stop someone.

A: (Ask him if there is a watch repairer nearby.)

B: Sí. Siga todo derecho por la Avenida Jaime II hasta la Plaza

179

Marqués del Palmer; luego doble a la izquierda. En la esquina hay una relojería.

A: (Ask if it is very far.)

B: No, está cerca. Está a tres o cuatro calles de aquí.

A: (Thank him.)

B: De nada.

3. Study this dialogue.

A: ¿Sabe Vd. donde está el Bar La Sirena?

B: Sí. Coja el autobús número tres en la Avenida General Primo de Rivera y bájese en la Plaza Gomila. El Bar La Sirena está frente a la parada del autobús.

A: Muchas gracias.

B: De nada.

Now ask a passer-by if he knows where these places are.

(a) El Cine Tívoli.

(b) El Restaurante Eduardo.

(c) El Banco Central.

(d) La Oficina de Objetos Perdidos.

(e) El Hotel San Telmo.

(f) La estación.

You go out on a Saturday night. You are looking for a discotheque. A young woman comes along.

A: (Ask her if she knows where Discoteca Romántica is.)

B: Sí. Coja el autobús número seis en la Avenida Argentina y bájese en el Paseo Marítimo. La Discoteca Romántica está cerca de la parada del autobús.

A: (Thank her.)

B: No hay de qué.

Someone stops you outside your hotel.

A: Perdone. ¿Sabe Vd. donde está la Catedral?

B: (Yes. Tell him to take bus number nine at the corner and to get off at Calle Antonio Maura. The Cathedral is about five minutes from the bus stop.)

A: Muchas gracias.

B: (You're welcome.)

4. Study this dialogue.

A: ¡Oiga! ¿Cuál es el camino a El Arenal, por favor?

B: Baje Vd. por esta calle hasta el final, luego doble a la izquierda y

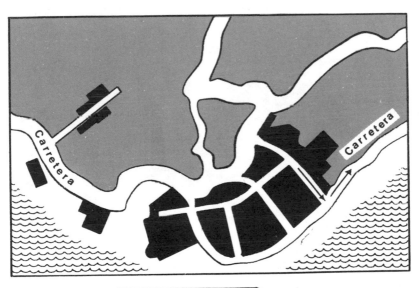

AEROPUERTO

tome la carretera que va al Aeropuerto.

A: ¿A qué distancia está más o menos?

B: Está a unos diez kilómetros.

A: Gracias.

B: De nada.

Now ask how to get to these roads.

(a) El camino a Santa Ponsa.

(b) El camino a Alcudia.

(c) El camino a Inca.

(d) El camino a Palma Nova.

(e) El camino al Aeropuerto.

(f) El camino a Paguera.

You've hired a car. You stop and talk to a traffic warden.

A: (Attract his attention and ask him how to get to the Soller road.)

B: Suba Vd. por esta calle hasta el final, luego doble a la derecha y tome la carretera que va a Valldemosa.

A: (Ask him how far it is roughly.)

182

B: Está a unos cuarenta kilómetros.
A: (Thank him.)
B: De nada.

You are sitting outside a café by the beach when a car stops in front of you. The driver seems to have lost his way.

A: ¡Oiga! ¿Cuál es el camino a la Playa de Illetas, por favor?
B: (Tell him to go up as far as the end of the street, then turn left and take the main road which goes to Palma Nova.)
A: ¿A qué distancia está más o menos?
B: (Tell him it is about six kilometres.)
A: Muchas gracias.
B: (You're welcome.)

5. **Get together with another student and imagine yourselves in this situation:**
   You've just arrived in a Spanish town and are looking for accommodation. Stop a passer-by.
   (a) Ask him if there is a cheap *pensión* nearby.
       (*Yes. There is one opposite the railway station.*)
   (b) Ask if the station is far.
       (*Yes. It is quite far.*)
   (c) Ask if it is possible to catch a bus.
       (*Yes. Catch bus number eighteen.*)
   (d) Ask where the bus stop is.
       (*There's one at the corner.*)

Práctica escrita

1. **During his stay in Mallorca John lived with a Spanish family. Before his arrival in Palma he received a letter telling him how to get to the house where he would be staying. Read this extract from that letter.**

Al salir del aeropuerto coja un autobús hasta la Plaza Mayor; luego baje por la Avenida Colón y siga todo derecho hasta la Plaza Cort. Cruce la Plaza Cort y siga por la Calle General Goded hasta la Calle de la Almudaina. En la Calle de la Almudaina doble a la izquierda. El número veintiuno está a la mano derecha.

183

Elvira Sánchez
Almudaina 21
Palma de Mallorca
España

Sr. John Smith
659 St. Mary's Road
Londres SW13 7HR
Inglaterra

Now read the notes John took with him to Palma.

Aeropuerto — Plaza Mayor — Calle de la Almudaina
Coger autobús hasta Plaza Mayor; bajar por Avenida Colón y seguir
todo derecho hasta Plaza Cort. Cruzar Plaza Cort y seguir por Calle
General Goded hasta Calle de la Almudaina. Doblar izquierda. Número
veintiuno a mano derecha.

**Now, without looking at the first paragraph above, complete the notes
writing in full the directions which John received.**

**2. You will be having a paying guest in your home this summer. Write a
note telling him how to get to your house from the nearest airport,
railway station or bus stop.**

ESPAÑA Y SU TURISMO

El turismo es una actividad económica de vital importancia para España. Gracias a su clima y a su sol año a año llegan a España millones de visitantes extranjeros. La costa del Mediterráneo, las Islas Baleares y las Islas Canarias son los centros de vacaciones más populares.

El progreso de España en los últimos años se debe, en gran parte, al turismo. La construcción de nuevas y modernas autopistas, de grandes aeropuertos y la mejora de los ferrocarriles son posibles gracias al turismo.

Muchos pueblos de la costa dependen ahora casi exclusivamente del turismo. Pueblos antes agrícolas o pesqueros son ahora modernas ciudades con todas las comodidades y atracciones necesarias para los visitantes: hoteles, pensiones, hostales, apartamentos de veraneo, restaurantes y lugares de camping.

Todo lo anterior significa más industrias y, como consecuencia, más trabajo para los españoles. Pero también significa la transformación del paisaje de las costas y un cambio en la forma de vida y costumbres de sus habitantes.

El **Ministerio de Información y Turismo** es el organismo responsable de promocionar el turismo. Este Ministerio tiene oficinas en todos los centros de vacaciones y ciudades importantes de España y del extranjero.

185

EN VIAJE

En el Norte de España, a orillas del río Nervión y a sólo doce kilómetros del Mar Cantábrico, se encuentra la ciudad de Bilbao. Bilbao es la ciudad principal del País Vasco. Es un puerto comercial de gran actividad y es una de las más importantes capitales industriales del país.

Bilbao tiene excelentes comunicaciones con el resto del país. A pocas horas de distancia está Barcelona, la otra ciudad industrial del Norte de España. Desde Bilbao se puede también viajar directamente a algunas capitales de Europa.

La actividad económica e industrial de Bilbao y Barcelona atrae a un gran número de españoles y de extranjeros que viajan a estas ciudades con fines comerciales.

Robert Davies es inglés y se encuentra en Bilbao en un viaje de negocios. Mañana, antes del mediodía, el señor Davies tiene que estar en Barcelona. Al salir de su hotel se dirige a una agencia de viajes.

En la Agencia de Viajes.

Sr. Davies: Buenos días.
Empleado: Buenos días. ¿Qué desea?
Sr. Davies: Quisiera viajar a Barcelona.
Empleado: ¿Cuándo quiere viajar?
Sr. Davies: Esta tarde o mañana por la mañana.
Empleado: ¿Desea viajar en avión, en tren o en autocar?
Sr. Davies: ¿Cuánto tarda el tren?
Empleado: Ocho horas.
Sr. Davies: Es demasiado. ¿Y el avión?
Empleado: El avión tarda solamente una hora.
Sr. Davies: En ese caso prefiero viajar en avión. ¿Cuándo sale?
Empleado: Tiene un avión que sale de Bilbao mañana a las nueve y veinte de la mañana y llega a Barcelona a las diez y veinte más o menos.
Sr. Davies: Sí está bien. Deme un billete para mañana, entonces.
Empleado: ¿Quiere de ida o de ida y vuelta?
Sr. Davies: De ida solamente.
Empleado: Bien, un momento, por favor.

Empleado: ¿Cuál es su nombre?
Sr. Davies: Robert Davies.
Empleado: ¿Cuál es su domicilio aquí en Bilbao, Sr. Davies?
Sr. Davies: Hotel El Puerto.
Empleado: ¿Cuál es el número de teléfono del hotel?
Sr. Davies: Es el 287400.
Empleado: ¿Y su número de habitación?
Sr. Davies: Ciento doce.
Empleado: Bien. Aquí tiene su billete. Son dos mil quinientas pesetas.
Sr. Davies: ¿Puedo pagar con cheques de viajero?
Empleado: Sí, cómo no.
Sr. Davies: Tenga.
Empleado: Gracias.
Tiene que estar en el aeropuerto una hora antes de la salida del avión.
Sr. Davies: Muchas gracias. Hasta luego.
Empleado: Adiós, Señor. ¡Qué tenga buen viaje!

187

En el Aeropuerto de Bilbao al día siguiente.

El Sr. Davies se dirige a uno de los mostradores de Líneas Aéreas Españolas.

Empleado: ¿Viaja Vd. a Barcelona?
Sr. Davies: Sí. Aquí tiene el billete.
Empleado: ¿Lleva Vd. equipaje?
Sr. Davies: Tengo esta maleta solamente.
Empleado: Haga el favor de colocarla sobre la báscula.

Bien. Aquí tiene su billete y su tarjeta de embarque.
Sr. Davies: Gracias.

SALIDAS			
Agente	Vuelo	Hora	Destino
Líneas Aéreas Españolas	LAE 007	9,20	Barcelona
Tan-Air	TA 472	9,45	Madrid
Hispania	HP 550	10,00	Londres
Líneas Aéreas Españolas	LAE 921	10,25	París

A las 8,45 anuncian la salida del avión.

"SU ATENCION, POR FAVOR. LINEAS AEREAS ESPAÑOLAS ANUNCIA LA SALIDA DE SU VUELO LAE 007 CON DESTINO A BARCELONA. SE RUEGA A LOS SEÑORES PASAJEROS PASAR A EMBARCAR POR LA PUERTA NUMERO CINCO . . ."

Al llegar al aeropuerto de Barcelona el señor Davies recoge su equipaje y luego va a la **OFICINA DE INFORMACION.**

Sr. Davies: ¿Cómo puedo ir hasta el centro, por favor?

Empleado: Puede coger el tren que va desde aquí hasta la estación de Sants. Hay trenes cada quince minutos.

Sr. Davies: ¿Cuánto tiempo tardan?

Empleado: Once minutos solamente.

Sr. Davies: Gracias.

Empleado: De nada.

En el DESPACHO DE BILLETES.

Sr. Davies: Un billete a Sants, por favor.

Empleado: Tenga.

Sr. Davies: ¿Cuánto es?

Empleado: Son treinta pesetas.

189

Un nuevo servicio rápido de RENFE

Estación del Aeropuerto
Cada 15 minutos salidas del Aeropuerto a Sants, y viceversa
La línea del Aeropuerto a Sants (Infanta Carlota–Numancia) dispone de modernos, cómodos y espaciosos trenes, que realizan el trayecto de 14 Kms. en 11 minutos.

Horarios
Del Aeropuerto a Sants (Infanta Carlota–Numancia): A partir de las 6,30, hasta las 23,15 h., cada 15 minutos. Y de Sants al Aeropuerto: A partir de las 6, hasta las 22,45 h.

Billetes
Precio del billete: 30 ptas. Los billetes obtenidos en el Aeropuerto para el tren, sirven para cualquier relación posterior desde Sants a otras estaciones Renfe en Barcelona.

Vocabulario

la orilla del río	*river bank*
los fines	*purposes*
el viaje de negocios	*business trip*
dirigirse	*to go*
el autocar	*coach (bus)*
tardar	*to take time*
el billete	*ticket*
de ida	*single*
de ida y vuelta	*return*
el domicilio	*address*
¡cómo no!	*of course!*
la salida	*departure*
el día siguiente	*following day*
el mostrador	*counter*
el equipaje	*luggage*
la maleta	*suitcase*
colocar	*to put*
la báscula	*scale*
la tarjeta de embarque	*boarding card*

190

el vuelo	*flight*
el pasajero	*passenger*
embarcar	*to board*
cada 15 minutos	*every 15 minutes*

Notas

Here are some useful ways of
1. **Saying whether something is possible or impossible**
   Desde Bilbao *se puede* viajar directamente a Londres.
   No se puede viajar directamente a Moscú.
2. **Asking about possibility or impossibility**
   ¿*Puedo pagar* con cheques de viajero?
   ¿Cómo *puedo* ir hasta el centro?
3. **Saying that one needs or is obliged to do something**
   Tengo que estar en Barcelona antes del mediodía.
   Tengo que estar en el aeropuerto a las 8,20.
4. **Inquiring about necessity or obligation**
   ¿A qué hora *tengo que* estar en el aeropuerto?
5. **Saying that others need or are obliged to do something**
   Tiene que estar en el aeropuerto una hora antes.
   El Sr. Davies *tiene que estar* en Barcelona mañana.
6. **Discussing how long a journey takes**
   ¿*Cuánto tarda* el tren?
   Tarda ocho horas.
7. **Talking about times of departure and arrival**
   ¿*A qué hora sale* el avión?
   ¿*Cuándo sale*?
   ¿*A qué hora llega*?
   ¿*Cuándo llega*?
   Sale a las 9,20.
   Llega a las 10,20.
8. **Talking about the cost of travel**
   ¿*Cuánto cuesta el billete a* Barcelona?
   El billete a Barcelona *cuesta* 2,500 pts.
   ¿*Cuánto es*?
9. **Talking about the frequency of means of transport**
   ¿*A qué hora hay* trenes a la Estación de Sants?
   Hay trenes *cada quince minutos*.

10. Obtaining tickets

Deme un billete para mañana, por favor.
Un billete a Sants, por favor.
Quiero un billete para Sants, por favor.
Quisiera dos billetes para Bilbao.

Preguntas

A. Seleccione la respuesta correcta.
 1. El Sr. Davies tiene que estar en Barcelona mañana
   (a) por la tarde.
   (b) por la noche.
   (c) por la mañana.
 2. El Sr. Davies prefiere viajar en avión porque
   (a) es más barato.
   (b) es más rápido.
   (c) es más cómodo.
 3. El Sr. Davies tiene que estar en el aeropuerto
   (a) a las nueve y veinte.
   (b) a las diez y veinte.
   (c) a las ocho y veinte.

B. Responda en español.
(a) 1. ¿Dónde está Bilbao?
 2. ¿A qué región de España pertenece?
 3. ¿Por qué es importante?
 4. ¿Cómo son las comunicaciones de Bilbao con el resto del país?
 5. ¿Está muy lejos Barcelona?
 6. ¿Hay vuelos directos desde Bilbao a otras ciudades de Europa?
 7. ¿Por qué vienen tantos españoles y extranjeros a Bilbao?
(b) 1. ¿De dónde es Robert Davies?
 2. ¿Por qué está en Bilbao?
 3. ¿Adónde quiere viajar?
 4. ¿Adónde va al salir de su hotel?
(c) 1. ¿Cuándo quiere viajar?
 2. ¿Cuánto tarda el tren a Barcelona?
 3. ¿Y el avión?
 4. ¿En qué prefiere viajar el Sr. Davies?
 5. ¿Cuándo sale el avión? ¿A qué hora?
 6. ¿A qué hora llega a Barcelona?
 7. ¿Compra billete de ida y vuelta?

8. ¿Cuánto paga por el billete?
9. ¿Cómo paga?

(d) 1. ¿Cuánto equipaje lleva el Sr. Davies?
2. ¿Qué le da el empleado al Sr. Davies?

(e) 1. ¿Qué vuelo sale a las diez?
2. ¿Adónde va?
3. ¿Por qué puerta tiene que embarcar el Sr. Davies?

(f) 1. ¿Cómo se puede viajar desde el aeropuerto al centro de Barcelona?
2. ¿Cuánto tarda el viaje?
3. ¿Tiene que esperar mucho el Sr. Davies?
4. ¿Cuánto cuesta el billete a Sants?
5. ¿Dónde lo compra?

Práctica oral

1. Study this dialogue.

A: ¿Cómo puedo viajar a Barcelona?
B: A Barcelona puede viajar en avión, en tren o en autocar.
A: ¿Cuánto tarda el tren?
B: El tren tarda ocho horas.
A: ¿Y el avión?
B: El avión tarda una hora solamente.

You are on a business trip in Spain. You go into the Tourist Office to inquire about travel to other parts of the country.

A: (Ask how you can travel to Madrid.)
B: A Madrid puede viajar en tren o en autocar.
A: (Ask how long the coach takes.)
B: El autocar tarda diez horas.
A: (Ask how long the train takes.)
B: El tren tarda nueve horas solamente.

You want to travel to the Canary Islands.

A: (Ask how you can travel to Gran Canaria.)
B: Puede viajar en avión o en barco.
A: (Ask if the boat takes very long.)
B: Tarda casi dos días.
A: (It's too long. Ask how long the plane takes.)
B: El avión tarda cuatro horas.

193

You are in Bilbao. You meet another businessman who wants to travel to other cities in Spain. Answer his questions by referring to this chart.

BILBAO A	AVION	TREN	AUTOCAR
MADRID	45 minutos	6,00 horas	6,30 horas
SAN SEBASTIAN	—	1,45 horas	1,40 horas
SANTANDER	—	1,35 horas	1,30 horas
BARCELONA	1,00 hora	8,00 horas	9,30 horas

A: ¿Cómo puedo viajar a Madrid?
B: ....
A: ¿Cuánto tarda el avión?
B: ....
A: Y a San Sebastián, ¿cómo puedo viajar?
B: ....
A: ¿Tarda mucho el tren?
B: ....
A: Me gustaría ir a Santander. ¿Se puede viajar desde aquí?
B: ....
A: ¿Cuánto tarda el autocar?
B: ....
A: Quisiera ir también a Barcelona. ¿Se puede viajar en avión?
B: ....
A: ¿Cuánto tarda?
B: ....

2. Study this dialogue.
A: ¿Qué días hay avión a Barcelona?
B: Hay avión todos los días.
A: ¿A qué hora sale el avión de Bilbao?
B: Sale a las nueve y veinte de la mañana.
A: ¿Y a qué hora llega a Barcelona?
B: Llega a las diez y veinte.

You are in Ibiza. You want to travel to Barcelona.
A: (Ask which days there are boats to Barcelona.)
B: Hay buque los martes, jueves y sábados.
A: (Ask what time the boat leaves Ibiza.)
B: Sale de aquí a las cuatro de la tarde.
A: (Ask what time it arrives in Barcelona.)
B: Llega a las ocho de la mañana del día siguiente.

You are working for an airline in Palma. Someone wants to travel to London. Answer his questions by referring to this chart.

FIN DE SEMANA Y SEMANA COMERCIAL

Jueves BX 838-839	Domingos BX 854-855		Jueves BX 840-841	Domingos BX 856-857
13,30 ↓ 16,00	15,00 ↓ 17,25	Sal. Palma Lleg. Lleg. LONDRES Sal.	21,20 ↓ 16,50	22,40 ↓ 18,10

A: Quisiera viajar a Londres. ¿Qué días hay avión, por favor?
B: ....
A: ¿Por la mañana o por la tarde?
B: ....
A: ¿A qué hora sale el avión el jueves?
B: ....
A: ¿Y a qué hora llega a Londres?
B: ....
A: ¿Qué días hay avión de regreso a Palma?
B: ....

3. Study this dialogue.
A: Quisiera un billete para Barcelona, por favor.
B: ¿Para cuándo lo quiere?
A: Para el avión que sale a las nueve y veinte.
B: ¿De ida o de ida y vuelta?
A: De ida solamente.
B: Aquí tiene.
A: ¿Cuánto es?
B: Son dos mil quinientas pesetas.

You want to travel to Malaga.
    A: (Say you would like two tickets to Malaga please.)
    B: ¿Para cuándo los quiere?
    A: (Say you want them for the train that leaves at ten to eleven.)
    B: ¿De ida y vuelta?
    A: (No. You want single tickets.)
    B: Tenga.
    A: (Ask how much it is.)
    B: Son mil doscientas pesetas.

You are working for an airline at London Airport. A Spanish speaker who speaks no English comes to inquire about tickets to Spain. Complete this conversation.
    A: ....
    B: Quiero un billete para Madrid.
    A: ....
    B: Quisiera viajar hoy mismo, si es posible. Es urgente.
    A: ....
    B: De ida solamente.

4. Study this dialogue.
    A: ¿Tiene algo que hacer mañana?
    B: Sí, tengo que viajar a Barcelona.
    A: ¿A qué hora tiene que estar allá?
    B: Antes del mediodía.

Mr. Davies is now in Madrid. A Spanish businessman telephones to arrange a meeting. Complete this part of their conversation.
    A: ¿Tiene Vd. algo que hacer el lunes por la mañana?
    B: (Yes. You have to visit a friend of yours who lives near Madrid.)
    A: ¿Y el miércoles por la tarde? ¿Está muy ocupado?
    B: (Yes. Say you have to write several letters to London.)
    A: Y el viernes, ¿tiene mucho que hacer?
    B: (Yes. Say that unfortunately you have a lot to do. You have to telephone London, you have to go to a travel agency to buy a ticket for Valencia, and you also have to do some shopping for your wife.)
    A: ¿Qué tiene que hacer el sábado?
    B: (On Saturday morning you have to go to the bank but in the afternoon you have nothing to do.)

5. **Get together with another student and imagine yourselves in these situations:**
You telephone a friend to invite him out.
(*Use the familiar form.*)
   (a) Ask him if he has anything to do that evening.
      (*Yes, he's very busy.*)
   (b) Ask him what he has to do.
      (*He has to go out.*)
   (c) Ask him where he has to go.
      (*He has to go to the airport.*)
   (d) Ask him why he has to go to the airport.
      (*His parents arrive from Spain today; he has to meet them.*)
   (e) Ask him what time he has to be there.
      (*He has to be there at six o'clock.*)

You are in Spain. You are making inquiries about coach travel from Alicante to Valencia.
(*Use the formal form.*)
   (a) Say you would like to travel to Valencia in the afternoon.
   (b) Ask if there is a coach.
      (*There are coaches every two hours.*)
   (c) Say you would like to travel before three o'clock.
      (*There is a coach at twenty to three.*)
   (d) Ask what time it arrives in Valencia.
      (*It arrives in Valencia at ten to six.*)
   (e) Ask why it takes so long.
      (*It has to stop in Benidorm for half an hour.*)
   (f) Say you would like two tickets please.
   (g) Ask how much it is.
      (*It's seven hundred pesetas.*)

Práctica escrita

1. **Read this paragraph. It is a report from an interview with Robert Davies about how he travels to work in London.**

Robert Davies vive en Islington, pero trabaja en Oxford Circus. Va al trabajo en metro. Viaja sólo dos veces al día. Por lo general sale de casa a las ocho y media de la mañana y regresa a las cinco. Tarda aproximadamente veinte minutos en llegar al trabajo. El tiene que estar allí a las nueve de la mañana.

197

Now study this interview and then write a paragraph similar to the one above.

A: ¿Dónde vives Ana?

B: Vivo en Plaza de Castilla.

A: ¿Y dónde estudias?

B: Estudio en un Instituto en Ríos Rosas.

A: ¿Cómo vas al Instituto?

B: Voy en autobús.

A: ¿Cuántas veces al día viajas?

B: Viajo cuatro veces al día.

A: ¿A qué hora sales de casa por la mañana?

B: Por lo general salgo a las nueve.

A: ¿Y a qué hora regresas?

B: Regreso a la una.

A: ¿Y por la tarde?

B: Por la tarde salgo a las tres y vuélvo a casa a las seis.

A: ¿Cuánto tiempo tardas en llegar al Instituto?

B: Tardo media hora aproximadamente.

A: ¿A qué hora tienes que estar allí?

B: Tengo que estar allí a las nueve y media de la mañana y por la tarde a las tres y media.

2. Write another paragraph saying how *you* travel to work or to school.

EL TRANSPORTE

Uno de los problemas que afecta a España, en general, es su sistema de transportes, insuficiente en unas regiones, prácticamente inexistente en otras. La complicada geografía de la Península es en parte la causa de este problema. La construcción de caminos es difícil y cara en las zonas montañosas, en el interior principalmente.

Existen grandes contrastes en el transporte y las comunicaciones en diferentes partes de España. Desde Madrid, en el centro del país, parten modernas carreteras hacia las ciudades más importantes de la costa. A su vez, los caminos de la costa unen a las diversas ciudades y pueblos del litoral.

Las montañas presentan un obstáculo aun mayor para los ferrocarriles. En las regiones montañonsas el viaje por tren es muy lento y se pasa por muchos túneles y puentes.

Para ir de una ciudad a otra muchos españoles prefieren viajar en autocar, ya que las distancias son más cortas y el viaje es más rápido y directo que por tren.

RENFE

RENFE (**Red Nacional de Ferrocarriles Españoles**) es una compañía nacional que controla la mayor parte de los ferrocarriles españoles. Hoy en día, la mayoría de los trenes de RENFE son eléctricos. Además de los

199

servicios internos, hay también servicios internacionales. Se puede viajar en tren entre Madrid y París y entre Madrid y Lisboa.

EL TRANSPORTE EN LAS CIUDADES

Madrid y Barcelona tienen un complejo sistema de transporte interno. Cientos de coches, autobuses, el metro y ferrocarriles suburbanos transportan a los habitantes de un punto a otro de la ciudad. Las señales de tráfico y los urbanos o policías de tráfico no son suficientes para controlar el gran número de vehículos que aumenta día a día. Es necesario abrir nuevas calles y avenidas y construir más aparcamientos.

LEJOS DE LA CIUDAD

La actividad característica de las ciudades más grandes todavía no llega a muchas partes de España. Lejos de las rutas principales y de la propaganda turística están los pequeños pueblos y aldeas. Allí el coche no es necesario. Todo está cerca. Para viajar a otros sitios hay un coche de línea o un pequeño tren que pasa una vez por día. El viaje a la ciudad tarda a veces muchas horas y en el invierno la lluvia interrumpe frecuentemente los caminos.

Poco a poco, sin embargo, el progreso económico y social de España transforma a las pequeñas comunidades. Se abren nuevas vías de comunicación, se construyen carreteras y autopistas y se fabrica toda clase de vehículos. Se aumenta también el tráfico aéreo dentro del país y hacia el exterior. Con sus modernos aviones **Iberia**, la línea aérea española, une el territorio español con las ciudades más importantes del mundo.

¿ADONDE VA?

VEINTICINCO

Estoy en un café. Conmigo está Eduardo, un muchacho español de las Islas Canarias. Eduardo es de Santa Cruz de Tenerife. Acaba de terminar sus estudios en un Instituto de Santa Cruz y ahora está buscando trabajo. La situación es difícil. Algunos de sus amigos llevan meses sin trabajar. Otros trabajan en forma temporera en hoteles o restaurantes. Muchos se marchan a la Península. Pero allí la situación tampoco es mejor.

La intención de Eduardo es emigrar a Sudamérica. 'Me gustaría

mucho irme a Venezuela,' me dice Eduardo. 'Conozco varios canarios que viven allí. Acabo de recibir carta de uno de ellos, donde me dice que está muy contento y que tiene un trabajo bastante bueno y muy bien pagado.'

'¿Piensas viajar a Caracas?' le pregunto a Eduardo.

'Sí. Pienso viajar este verano. Tengo algo de dinero ahorrado y un hermano de mi padre que vive en Venezuela va a prestarme el resto del dinero para el billete.'

Luego le pregunto: '¿Y qué piensa tu familia? ¿Está de acuerdo contigo?' Eduardo se encoge de hombros y responde: 'Pues, a mi padre no le gusta mucho la idea. El me dice que hay que tener paciencia, que hay que esperar, que seguramente voy a encontrar trabajo aquí.'

'Yo no sé,' continúa Eduardo. 'Lo que yo quiero es estar allí un tiempo, ahorrar dinero y después volver a España.'

Casi cinco meses después de esta conversación Eduardo entra en una agencia de viajes y compra un billete para Venezuela. Aquel día por la tarde nos encontramos en el mismo café.

'Parto la próxima semana,' me dice. 'Me voy en avión desde Las Palmas. Ya tengo el pasaporte y el visado. Mis planes son estar unos días en Caracas y luego viajar a Maracaibo. Allí vive mi tío. Voy a quedarme en su casa.'

'¿Y tú que vas a hacer?' me pregunta Eduardo.

'Pues, yo voy a marcharme a la Península.'

'¡Hombre! ¡Buena suerte!'

'¡Buena suerte!'

Vocabulario

acabar de	to have just
ahorrar	to save
prestar	to lend
encogerse de hombros	to shrug one's shoulders
casi	almost
encontrarse	to meet
partir	to leave
el visado	visa
el tío	uncle

Notas

Here are some useful ways of

1. **Expressing intentions**
   Voy a marcharme a la Península.
   Pienso viajar este verano.
   Mis planes son estar unos días en Caracas.
   Mi intención es emigrar a Sudamérica.

2. **Talking about other people's plans or intentions**
   Va a marcharse a la Península.
   Eduardo *piensa* viajar este verano.
   Sus planes son estar unos días en Caracas.
   La intención de Eduardo es emigrar a Sudamérica.

203

3. **Inquiring about intentions**
   ¿Qué va(s) a hacer?
   ¿Piensa(s) viajar a Caracas?
   ¿Cuáles son sus(tus) planes?
4. **Saying that something is considered necessary**
   Hay que tener paciencia.
   Hay que esperar.
   Es necesario esperar.
5. **Talking about the immediate past**
   Eduardo *acaba de* terminar sus estudios.
   Acabo de recibir carta de un amigo.

Preguntas

A. Seleccione la respuesta correcta.
1. Eduardo acaba de
   (a) encontrar trabajo.
   (b) terminar sus estudios.
   (c) emigrar a Venezuela.
2. La intención de Eduardo es
   (a) quedarse para siempre en Venezuela.
   (b) volver a España inmediatamente.
   (c) ahorrar dinero antes de volver a España.
3. En Venezuela Eduardo va a quedarse con
   (a) el hermano de su padre.
   (b) el tío de su padre.
   (c) el padre de su tío.

B. Responda en español.
1. ¿De dónde es Eduardo?
2. ¿En qué trabajan algunos de sus amigos?
3. ¿Adónde se marchan algunos de ellos? ¿Por qué?
4. ¿Adónde piensa emigrar Eduardo?
5. ¿Conoce gente allí?
6. ¿Qué le dice su amigo en la carta?
7. ¿Tiene dinero para viajar?
8. ¿Qué piensa su padre sobre sus planes?
9. ¿Cómo va a viajar Eduardo a Caracas?
10. ¿Desde dónde?
11. ¿Adónde va a ir desde Caracas? ¿Por qué?

Práctica oral

1. Study this dialogue.

A: ¿Qué piensas hacer este verano?
B: Pienso viajar a Sudamérica.
A: ¿Cómo vas a ir?
B: Voy a ir en avión.
A: ¿Por cuánto tiempo vas?
B: Voy por dos meses.

An old friend of the family has come to visit you. He always travels abroad on his holidays.

A: (Ask him what he plans to do on his holiday.)
B: Pienso viajar a los Estados Unidos.
A: (Ask him how he's going to go.)
B: Voy a ir en barco.
A: (Ask him how long he's going for.)
B: Voy por tres meses.

There's a long weekend ahead. You telephone a friend to ask him what he's planning to do. These are his answers. What are your questions?

A: ....
B: ¿Este fin de semana? Pienso ir a la costa.
A: ....
B: Voy a ir en el coche.
A: ....
B: Voy por dos días solamente.

Now get together with another student and make up dialogues similar to that at the beginning of this section. Use information from the travel advertisements overleaf.

2. Study this dialogue. Eduardo arrives at a hotel in Caracas.

A: Buenas tardes. ¿Tiene habitaciones?
B: Sí, sí tenemos. ¿Para cuántas personas?
A: Para una persona.
B: ¿Cuánto tiempo va a quedarse?
A: Una semana.
B: ¿Quiere pensión completa?
A: No, solamente media pensión.
B: ¿Su nombre, por favor?
A: Eduardo Alvarez.

B: Me deja su pasaporte, por favor.
A: Tenga.
B: Habitación número ciento quince.
Aquí tiene la llave.
A: Gracias.

You and a friend have just arrived in Spain. You are at a hotel reception desk.

A: (Good morning. Ask if they have rooms available.)
B: Sí, sí tenemos. ¿Para cuántas personas?
A: (For two people.)
B: ¿Desean una habitación doble o dos habitaciones individuales?
A: (Say you want a double room.)
B: ¿Cuánto tiempo van a quedarse?
A: (Say you are going to stay ten days.)
B: ¿Quieren pensión completa?
A: (No. You only want breakfast.)
B: ¿Su nombre, por favor?
A: (Give *your* name.)
B: Me dejan sus pasaportes, por favor.
A: (Here you are.)
B: Tienen la habitación doscientos veinticuatro. Aquí tienen la llave.
A: (Thank you.)

You need to have some laundry done. Check through the list overleaf and make sure you understand what each item is.

3. **Study this dialogue. Before travelling to Caracas, Eduardo had to telephone the Venezuelan Consulate to find out if he needed a visa.**
   A: Consulado de Venezuela. Buenos días.
   ¿Dígame?
   B: Buenos días. Pienso viajar a Venezuela.
   ¿Hay que tener visado?
   A: ¿Qué pasaporte tiene Vd.?
   B: Tengo pasaporte español.
   A: Sí. Necesita visado.
   B: ¿A qué hora está abierto el Consulado?
   A: De nueve a una.
   B: Gracias.
   A: De nada.

207

HOTEL LAS ROCAS
FUENGIROLA — ESPAÑA

Por favor rellénese y entréguese a la camarera.

ROPA

Sr./Sra./Srta. ....
....

Habitación No. ....
Fecha .... 197.....

Por servicio *exprés* (24 horas) los precios sufrirán
un recargo del 50 %.

.... Trajes		
.... Faldas		
.... Blusas		
.... Combinación		
.... Enagua...............		
.... Camiseta		
.... Braga		
.... Sostén		
.... Traje...............		
.... Pantalón		
.... Camisas		
.... Cuellos...............		
.... Camisilla		
.... Calzoncillos...............		
.... Calcetines		
.... Camisón de dormir...............		
.... Pijamas		
.... Toallas...............		
.... Shorts		
.... Pañuelos		

You are travelling to Mexico from Spain. Telephone the Mexican Consulate.

A: Consulado de México. ¿Dígame?
B: (Good afternoon. Say you are thinking of travelling to Mexico on holiday. Ask if you need a visa.)
A: ¿Qué pasaporte tiene Vd.?
B: (Say what passport you have.)
A: Sí. Necesita visado.
B: (Ask what time the Consulate is open.)
A: De diez de la mañana a dos de la tarde.
B: (Thank you very much.)
A: De nada. Hasta luego.

4. Study this dialogue.

A: ¿Cuándo parte Eduardo a Venezuela?
B: Acaba de partir.

Now answer in a similar way.

(a) A: ¿Cuándo va a ir Eduardo a la agencia de viajes?
B: ....

(b) A: ¿Cuándo va a llamar por teléfono al Consulado?
B: ....

(c) A: ¿Cuándo sale el avión para Caracas?
B: ....

(d) A: ¿Cuándo regresan tus amigos de vacaciones?
B: ....

(e) A: ¿Cuándo va Vd. a comprar el billete?
B: ....

(f) A: ¿Cuándo va Vd. a reservar la habitación?
B: ....

5. Get together with another student and imagine yourselves in these situations:

A friend of yours is planning a holiday.

(*Use the familiar form.*)

Ask him:

(a) Where he is going to go.
(b) How he is going.
(c) How long he's going for.
(d) Where he's going to stay.
(e) When he's leaving.

(f)   Who he's going with.
Say:
(g)   You have just received some money and
(h)   You are thinking of travelling to Argentina for a month.
(i)   You are going to visit an Argentinian friend who lives in Buenos Aires.

You are working as a hotel receptionist in Spain. Someone telephones to inquire about rooms.
(*Use the formal form.*)
(*He's asked if there are rooms available.*)
(a)   Yes, say there are.
(b)   Ask him how many nights he's going to stay.
(c)   Ask him if he wants a single or a double room.
(d)   Ask him if he wants full board.

You are back home after a holiday. You meet a couple of friends.
(*Use the familiar form.*)
(a)   Tell them you've just come back from South America.
(b)   Say you are going to have a party in your house.
(c)   Ask them if they would like to come.
(*Yes, they would.*)
(d)   Tell them the party is going to be at 8 o'clock on Saturday.
(e)   Ask them if they are going to come by car or by bus.
(*By car.*)
(f)   Tell them a friend of yours from Colombia is also going to come.
(g)   Say he's going to bring his guitar.

Práctica escrita

1. Read the telegram opposite. It was sent by Eduardo to a friend in Caracas.

Now read the complete text.

> *Voy a viajar el día 22 de diciembre a las siete y media de la tarde en el vuelo LAE 927 que llega a Caracas a las diez de la noche hora venezolana.*

Now write the message of these telegrams in full.

(a) Viajo 8 mayo 7 horas vuelo IB 558. Llega Ciudad de México 9 horas hora mexicana.

(b) Salgo Londres 25 julio 10 horas vuelo BA 261. Llega Las Palmas 15 horas hora española.

Now transform these two paragraphs into telegrams. Omit the words which you consider unnecessary for understanding the message.

(a) Voy a viajar el día 30 de agosto a las once y media de la mañana en el vuelo SA 483 que llega a Palma a la una y media de la tarde hora española.

(b) Vamos a partir el día 14 de octubre a las doce menos cuarto de la mañana en el vuelo DA 768 que llega a Madrid a las dos menos cuarto de la tarde hora española.

Now imagine that you are going to visit a friend in a Spanish speaking country. Write (a) a telegram; (b) a full paragraph. Give information similar to the one above.

TELEGRAMA

No. _437_ **Pal.** _25_ **día.** _3 Dic._ **hora** _20,00_ | **Ptas.** _750_

INDICACIONES:	**DESTINATARIO:** _Sr. Jaime Muñoz_
	SEÑAS: _Calle Simón Bolívar 521_
	TELEFONO: —
	DESTINO: _Caracas, Venezuela._

TEXTO:
Viajo 22 diciembre 19,30 horas vuelo
LAE 927. Llega Caracas 22 horas
hora venezolana. Saludos.
Eduardo

SEÑAS DEL **NOMBRE:** _E. Alvarez_ **TELEF:** _574198_
EXPEDIDOR **DOMICILIO:** _Blas N. 88_ **POBLACION:** _Sta. Cruz_

2. Read this letter.

> *Hotel Las Rocas*
> *Fuengirola*
> *España*   *Londres, 18 de junio de 19*..........
>
> *Muy Sres. míos: Les ruego reservarme una habitación doble con baño, para las noches del 2 al 16 de julio inclusive.*
>
> *Les saluda atentamente,*

You are planning to spend your holidays in Spain. Write a similar letter booking a room at a hotel. Use some of this information.

TIPO DE HABITACION	*doble/individual* *con dos camas/con cama de matrimonio* *con baño/sin baño* *con terraza* *con vista al mar*

Una gran mayoría de los españoles piensa que hoy en día la juventud tiene más libertad que hace diez o quince años. Los padres son ahora menos estrictos con sus hijos, aunque muchos padres reconocen que esta mayor tolerancia no se debe a convicción personal. La juventud quiere mayor libertad y no hay más remedio que aceptar. Sin embargo, en comparación con otros países europeos tales como Inglaterra, Alemania o Francia, los jóvenes españoles tienen menos independencia. La familia española es más unida y, por lo general, los jóvenes viven con sus padres hasta el momento de casarse.

Un grupo de muchachos y chicas de 15 a 25 años de edad, de Madrid y Barcelona, opina sobre las relaciones con sus padres.

'Es un problema decidir el vivir o no independientemente o en casa'

	TOTAL
Mucho	32
Un poco	22
Ninguno	46
No contesta	1

¿Son muy estrictos tus padres?

	TOTAL
Muy estrictos	5
Bastante estrictos	15
Algo estrictos	60
Me lo consienten todo	20

OPINAN LOS PADRES

Manuel Guerra es un andaluz de 68 años, retirado, que vive en Nerja. En la plaza del pueblo encontramos a Manuel en compañía de una de sus hijas. Manuel tiene 8 hijos. El mayor de ellos tiene 28 años. El menor tiene

213

15. 'Mis hijos me consideran un padre muy estricto', dice Manuel. El, en cambio, piensa que sus hijos son modernos pero responsables. Ellos quieren tener independencia y yo respeto sus ideas.

'No todos mis hijos van a la iglesia', dice Manuel, 'pero a mí no me importa. Ahora, claro, a mí me gusta saber dónde están'.

Agustina García, de 55 años, vive en Venta de Baños, cerca de Palencia. Agustina tiene cuatro hijos. Dos varones y dos hembras. El mayor de sus hijos, Eugenio, tiene 29 años y todavía vive en casa. Agustina piensa que los chicos y las chicas deben continuar viviendo con sus padres hasta el momento de casarse. 'Los jóvenes no deben vivir solos. La juventud de hoy tiene demasiada libertad', dice Agustina.

De los hijos de Agustina tres trabajan y al final de cada mes entregan a sus padres todo el dinero que ganan. La razón, explica doña Agustina, es que 'tener dinero significa tener más libertad y eso no es conveniente para la juventud'.

DECISIONES

Un periodista de una revista madrileña entrevista a estudiantes en diferentes partes de España. A continuación presentamos algunas de estas entrevistas.

Sebastián, de 17 años, es alumno de un Instituto en la ciudad de Avila.

Pregunta: ¿Cuándo terminas tus estudios?

Respuesta: Este año.

P: ¿Qué piensas hacer después de dejar el Instituto?

R: Me gustaría ir a la universidad.

P: ¿Qué vas a estudiar?

R: No sé. No estoy seguro.

P: ¿Pero tienes alguna idea?

R: Pues, me gustaría estudiar arquitectura o ingeniería, porque son profesiones interesantes y en las que se gana bastante dinero.

Mónica, de 16 años, estudia en un Instituto Femenino de Málaga. Mónica está preparando sus exámenes finales.

P: ¿Qué vas a hacer el año que viene?

R: No sé. No sé qué voy a hacer. No quiero continuar estudiando, pero tampoco quiero trabajar.

P: Pero . . . ¿hay alguna cosa que te gustaría hacer?

R: Me gustaría casarme, quizás.

P: Eres muy joven, ¿no? ¿Tienes novio?

R: Sí. El es mayor que yo y está trabajando.

P: ¿Y a él también le gustaría casarse?

R: Supongo que sí.

Angeles, de 38 años, trabaja en un banco en la ciudad de Oviedo. Dos veces por semana, por la noche, Angeles asiste a clases de inglés en una academia de idiomas.

P: ¿Cuáles son sus planes futuros?

R: Me gustaría mucho viajar y conocer otros países.

P: ¿Algún país en especial?

R: Sí. Inglaterra y Francia. Me encantaría conocer esos países.

P: ¿Sabe inglés y francés?

R: Mi francés es bastante bueno, creo, pero inglés no sé mucho. Estoy estudiando inglés en una academia. Voy a clases por la noche.

P: ¿Y cuándo piensa ir a Inglaterra?

R: Creo que voy a ir el próximo verano.

LA CASA INGLESA

CURSOS ACELERADOS DE INGLES

El próximo curso empieza
el día

1 de Febrero

Oviedo

Plaza de Salamanca, 11

Guillermo, de 23 años, es alumno de la Universidad de Zaragoza.

P: ¿Qué carrera estás haciendo?

R: Estoy estudiando economía.

P: ¿Por qué estudias economía?

R: Creo que es una carrera que tiene un gran futuro, sobre todo en este momento aquí en España.

P: ¿Qué te gustaría hacer después de terminar tu carrera?

R: Me gustaría trabajar para alguna organización internacional.

P: ¿Cuáles son tus aspiraciones personales?

R: Primero, tener un trabajo seguro y con un buen sueldo. Después quisiera tener una bonita casa o un piso y un coche.

P: ¿Y casarte?

R: Supongo que sí.

Carlos, gallego, de 43 años, casado, tres hijos, es un emigrante español que vive en Inglaterra con su mujer y sus hijos. Carlos trabaja como camarero en un hotel en el centro de Londres. Por las tardes, después de terminar su trabajo en el hotel, Carlos va a una escuela para emigrantes españoles en el barrio de Notting Hill Gate. Este verano Carlos y su familia están pasando sus vacaciones en Caldas de Reyes, un pequeño pueblo de Galicia donde viven los padres de su mujer. El periodista entrevista a Carlos.

P: ¿Hace cuánto tiempo que vive Vd. en Inglaterra?

R: Hace más de once años.

P: ¿Está contento allá?

R: Sí, estoy contento, aunque naturalmente a veces echo de menos mi país.

P: ¿Piensa volver a vivir en España algún día?

R: Espero que sí.

P: ¿Cuándo?

R: No sé. Depende mucho de la situación económica en España.

P: ¿Qué hace Vd. en Inglaterra?

R: Durante el día trabajo en un hotel. Por la tarde voy a una escuela para emigrantes españoles.

P: ¿Por qué está estudiando?

R: Pues, mi idea es terminar la escuela primaria. Creo que va a ser más fácil encontrar trabajo aquí en España.

P: ¿Y en qué le gustaría trabajar?

R: Espero encontrar un trabajo diferente del que tengo ahora. Quizás algo más interesante.

P: Y sus hijos, ¿también quieren volver a España?

R: Supongo que a ellos les gustaría quedarse en Inglaterra. Pero estoy seguro que después de un tiempo van a acostumbrarse aquí también.

P: ¿Cuándo regresan Vds. a Inglaterra?

R: Dentro de dos semanas. Mis hijos tienen que volver a la escuela y yo tengo que volver a mi trabajo.

P: ¡Qué os vaya bien! ¡Mucha suerte!

R: Gracias. Adiós.

Vocabulario

estar seguro	*to be sure*
la arquitectura	*architecture*
la ingeniería	*engineering*

la profesión	*profession*
el examen	*examination*
el año que viene	*the coming year*
suponer	*to suppose*
creer	*to think/to believe*
la carrera	*career*
aunque	*although/even though*
echar de menos	*to miss (a person or place)*
esperar	*to hope*
depender de	*to depend on*
la escuela primaria	*primary school*
acostumbrarse	*to get accustomed to*

Notas

Here are some useful ways of

1. Saying how certain or uncertain you are of something

Positive

Estoy seguro que van a acostumbrarse.

Estoy seguro que sí (no).

Intermediate

Supongo que les gustaría quedarse en Inglaterra.

Supongo que sí (no).

Creo que voy a ir el próximo año.

Creo que sí (no).

Me gustaría casarme, *quizás.*

Negative

No sé qué voy a hacer.

No sé.

No estoy seguro.

2. Expressing hope

Espero encontrar un trabajo diferente.

Espero que sí.

Espero que no.

3. Saying what you are doing at the moment

Estoy estudiando inglés.

Estoy preparando mis exámenes.

4. Saying what other people are doing

Angeles *está estudiando* inglés.

Mónica *está preparando* sus exámenes.

219

Carlos y su familia *están pasando* sus vacaciones en Galicia.
5. **Asking people what they are doing**
   ¿Qué carrera *estás haciendo?*
   ¿Qué está estudiando Vd.*?*

Preguntas

A. Seleccione la respuesta correcta.
   1. Después de dejar el Instituto a Sebastián le gustaría
      (a) viajar.
      (b) trabajar.
      (c) estudiar.
   2. Mónica
      (a) es mayor que su novio.
      (b) es menor que su novio.
      (c) tiene la misma edad que él.
   3. Angeles estudia inglés porque
      (a) espera viajar a Inglaterra.
      (b) su novio es de Inglaterra.
      (c) trabaja para una firma inglesa.
   4. Guillermo
      (a) es economista.
      (b) espera estudiar economía.
      (c) está estudiando economía.
   5. Carlos
      (a) está seguro que va a regresar a España.
      (b) espera regresar a España algún día.
      (c) cree que no va a regresar a España.

B. Responda en español.
(a) 1. ¿De dónde es Sebastián?
    2. ¿Dónde estudia?
    3. ¿Está seguro de lo que quiere estudiar?
    4. ¿Qué le gustaría estudiar? ¿Por qué?
(b) 1. ¿Cuántos años tiene Mónica?
    2. ¿Dónde estudia?
    3. ¿Qué está preparando?
    4. ¿Qué va a hacer el año que viene?
    5. ¿Qué le gustaría hacer?
(c) 1. ¿De dónde es Angeles?
    2. ¿Dónde trabaja?

3. ¿Qué estudia?
4. ¿A qué países le gustaría viajar?
5. ¿Sabe inglés?
(d) 1. ¿Qué piensa Guillermo de su carrera?
2. ¿Qué espera hacer después de terminar?
3. ¿Cuáles son sus aspiraciones personales?
4. ¿Le gustaría casarse?
(e) 1. ¿Quién es Carlos?
2. ¿Qué hace en Inglaterra?
3. ¿Qué está haciendo en Caldas de Reyes?
4. ¿Hace mucho tiempo que vive en Inglaterra?
5. ¿Piensa volver a España? ¿Cuándo?
6. ¿Por qué está estudiando?
7. ¿Le gustaría trabajar como camarero en España?
8. ¿Cree Carlos que sus hijos van a acostumbrarse en España?
9. ¿Cuándo regresan a Inglaterra?
10. ¿Por qué tienen que regresar?

Práctica oral

1. Study this dialogue.
A: ¿Qué estás estudiando?
B: Estoy estudiando economía.
A: ¿Qué vas a hacer después de terminar?
B: Espero trabajar para una organización internacional.

A group of Spanish students were asked to answer questions about their future plans. Answer for them by using the information below. Make up dialogues similar to the one above.
(a) (Carmen)/psicología/trabajar en un hospital.
(b) (Diego)/ingeniería/viajar al extranjero a especializarse.
(c) (Susana)/inglés y francés/ser intérprete.
(d) (Asunción)/secretariado/ser secretaria bilingüe.
(e) (Andrés)/contabilidad/trabajar en una gran industria.
(f) (Raúl)/filología/ser profesor en un Instituto.
(g) (María)/diseño/ser decoradora de interiores.

2. Study this dialogue.
A: ¿Qué estás haciendo?
B: Estoy preparando mis exámenes finales.
A: ¿Crees que vas a aprobar?
B: Supongo que sí.

221

Now look at this questionnaire. By using one of the phrases listed below, say how certain or uncertain you are of each of the following happening to you.

estoy seguro(a) que sí	*creo que sí*
estoy seguro(a) que no	*creo que no*
supongo que sí	*no estoy seguro(a)*
supongo que no	*no sé*

MI FUTURO	
Cuestionario	
Voy a aprobar en todos los exámenes	*(supongo que sí)*
Voy a terminar mis estudios este año	
Voy a continuar estudiando	
Voy a ser un(a) excelente profesional	
Voy a encontrar un buen trabajo	
Voy a ganar mucho dinero	
Voy a ser muy importante	
Voy a ser muy famoso(a)	
Voy a viajar mucho	
Voy a casarme	
Voy a tener muchos hijos	
Voy a ser muy feliz	
Voy a ser muy rico(a)	

Someone is asking you about your future life and aspirations. Answer his questions.

A: ¿Dónde estudia Vd.?

B: ....

A: ¿Cuándo termina sus estudios?

B: ....

A: ¿Qué espera hacer después de terminar?

B: ....

A: ¿Cuáles son sus aspiraciones personales?

B: ....

You are having an interview with a careers adviser. Answer his questions.

A: ¿Qué va a hacer Vd. el año que viene?

B: (Say you hope to find a job.)

A: ¿Qué tipo de trabajo le gustaría encontrar?

B: (Say you are not very sure.)

A: Pero, ¿hay alguna cosa que le gustaría hacer?

B: (Say you would like to be a model perhaps.)

A: ¿Modelo? ¿Y por qué le gustaría ser modelo?

B: (Because you think it's interesting work.)

A: ¿Cree Vd. que va a encontrar trabajo como modelo?

B: (Say you suppose so.)

A: ¿Y cree Vd. qué tiene talento para este tipo de trabajo?

B: (Say you think you have the talent.
You are sure you are going to be an excellent model.)

You are the interviewer this time. A young man comes in.

A: (Ask him if he is going to work or study during the following year.)

B: Espero trabajar. No quiero continuar estudiando.

A: (Ask him what kind of work he would like to do.)

B: Me gustaría trabajar en un banco.

A: (Ask him if he thinks it's going to be difficult to find a job in a bank.)

B: Sí, creo que va a ser un poco difícil.

A: (Ask him if he is sure this is the kind of work he would like.)

B: Sí, estoy seguro que sí.

3. Study this dialogue.

A: ¿Dónde está Mónica?

B: Está en casa.

223

A: ¿Qué está haciendo?
B: Está preparando sus exámenes.

Now get together with another student and use these ideas to make up similar dialogues.
(a) Carlos/en el bar/hablando con el reportero.
(b) Los hijos de Carlos/Caldas de Reyes/visitando a sus abuelos.
(c) Angeles/sala de estar/estudiando inglés.
(d) Sebastián/en su cuarto/leyendo.
(e) Mónica y su novio/en casa/viendo la televisión.

You are studying for an examination when a friend of yours telephones. Complete this conversation with him.
A: ¿Qué estás haciendo?
B: (Say you are very busy. You are studying.)
A: ¿Qué estás estudiando?
B: (Say you are studying Spanish.)
A: ¿Por qué estás estudiando español?
B: (Because you have an examination tomorrow.)
A: ¡Buena suerte!
B: (Thank you.)

4. Get together with another student and imagine yourselves in these situations:
You are being interviewed for a job. The interviewer wants to know how you feel about the job.
(*He wants to know if you find this type of work interesting.*)
(a) Say you think it's a very interesting job.
(*He wants to know if you are sure you're going to like it.*)
(b) Say you are sure.
(*He wants to know how long you hope to be there.*)
(c) Say you hope to be there a long time.

While on holiday in Spain you meet an old school friend of yours.
(*Use the familiar form.*)
(a) Ask him what he's doing in Spain.
   (*He's working there.*)
(b) Ask him what work he is doing.
   (*He's working as a tourist guide.*)
(c) Say you're visiting some Spanish friends.
(d) Say you hope to stay in Spain for three weeks.

Práctica escrita

1. Read this sentence.

Guillermo va a ser economista y espera trabajar en una organización internacional.

Now write similar sentences about each of these people.

Sebastián	arquitecto	firma constructora
Luisa	modelo	agencia de publicidad
Eugenio	camarero	hotel
Rosario	secretaria	compañía internacional
Laura	enfermera	hospital
Jesús	profesor	instituto
Francisco	abogado	Ministerio
Eva	médico	hospital

2. Read the advertisements from a Spanish newspaper on the next page.

Now read this letter written by a Spanish student interested in one of the courses described in the advertisements.

Viajes Internacional Expreso
San Bernardo, 5 y 7
Madrid   *Toledo, 6 de junio de 1979*

Muy Sres. míos: Con relación a su anuncio en el periódico local, me gustaría recibir más información sobre los cursos de inglés en Dublín para el próximo verano.

Les saluda atentamente,

Isabel Alcántara

Avda. de La Castellana 762
Toledo

225

Now write a similar letter to one of the schools advertised above, asking for further information about Spanish courses in Madrid or Barcelona.

3. Read this letter and fill in the missing words.

19 de julio de 1978.

Querido Sebastián:_____escribiendo desde la playa. Acabo
_____terminar mis exámenes y_____pasando unos días en
San Sebastián_____casa de una amiga. Espero estar aquí al
menos una semana. Estoy cansadísima._____

Todavía no_____segura de lo que voy_____hacer el
próximo año. Creo_____me gustaría hacer_____curso
rápido_____secretariado. Mari Carmen, la novia_____mi
hermano_____haciendo un curso de secretariado bilingüe en
Vitoria y, según ella, _____estupendo._____muy contenta.

Y tú, ¿_____tal? Todavía piensas estudiar arquitectura?

Supongo_____vas_____venir a Vitoria este verano.
Espero_____sí. Me encantaría verte. Escríbeme y dime cuando
vienes. Hasta pronto.

Abrazos
Carmen

227

LA EDUCACION

En España la educación es obligatoria entre los seis y los dieciséis años. A la edad de seis años los niños españoles van a la escuela primaria que se llama **Educación General Básica** (*EGB*).

En la práctica, sin embargo, la falta de escuelas y de profesores en algunas zonas del país, especialmente en el campo, significa que muchos niños no pueden ir a la escuela.

La Educación General Básica va de los seis a los catorce años. A los catorce años los jóvenes pueden entrar a un **Instituto** y hacer sus estudios secundarios o **Bachillerato Unificado Polivalente** (*BUP*) que dura tres

años. La alternativa es hacer un curso de **Formación Profesional**, que es de carácter técnico y que tiene una duración de dos o tres años.

La mayoría de los jóvenes que quiere ir a la Universidad hace el BUP.

En los Institutos de BUP hay asignaturas que son obligatorias. Por ejemplo, las matemáticas y la lengua. También hay asignaturas optativas tales como filosofía, lengua latina e historia.

UN DIA EN LA VIDA DE JOSE,

alumno de un Instituto español

'Me levanto sobre las ocho de la mañana, desayuno por lo general muy de prisa y luego voy al Instituto. Las clases empiezan a las nueve de la mañana. A las once, tenemos un recreo de media hora. Las clases continúan luego hasta las doce y media. A la una vuelvo a casa a comer. Por la tarde tengo clases de cuatro a siete.

En casa, después de la merienda, hago mis deberes para el Instituto. Antes de cenar voy a dar un paseo o salgo con mis amigos. A veces me quedo en casa y escucho discos o veo la televisión.

A las nueve y media cenamos. Por lo general la cena se prolonga hasta las diez y media.

En casa no nos acostamos nunca temprano. Yo me acuesto a eso de las once y media o doce de la noche'.

HORARIO DE CLASES

Lunes

9.00–10.00	Matemáticas
10.00–11.00	Historia
11.00–11.30	Educación Física
11.30–12.30	Recreo
12.30–16.00	(Comida)
16.00–17.00	Inglés
17.00–18.00	Religión
18.00–19.00	Lengua española

Carta a una revista

UNA ACERTADA DECISION

Voy a estudiar Graduado Escolar y me gustaría saber qué tengo que hacer, una vez terminados estos estudios, para entrar en la Universidad. Asimismo quisiera una información sobre los estudios de sociología o psicología, especialmente en cuanto a las salidas que poseen estos estudios. Os felicito por vuestra revista.

Marta Gares
BARCELONA

LA UNIVERSIDAD

El número de jóvenes españoles que hoy en día asiste a la Universidad es muy superior al de años anteriores. Sin embargo, son muy pocos los hijos de obreros y labradores que reciben educación universitaria. Muchos no pueden pagar sus estudios. En España hay pocas becas para estudiar y no es fácil obtenerlas. Para estos jóvenes la alternativa es entrar a una **Universidad Laboral**. Las Universidades Laborales preparan técnicos y profesionales para la industria y el comercio y dan a los estudiantes, además, una formación cultural general.

Las encuestas están de moda en España. Periódicos, revistas e institutos de opinión se interesan por saber cómo son, cómo piensan y cuáles son las ideas de los españoles en diversos sectores de la sociedad. Uno de estos institutos acaba de realizar una encuesta para saber qué opinan los españoles sobre los derechos de la mujer. Aquí presentamos las opiniones de algunas de las personas encuestadas.

ENCUESTA

la liberación de la mujer

Ana López, 25 años, soltera, actriz, opina que la mujer debe luchar por su igualdad con el hombre:

'Yo creo que la mujer debe tener exactamente los mismos derechos y las mismas oportunidades que el hombre. Las mujeres tenemos que luchar para terminar con la discriminación que existe contra nosotras'.

Doña Concepción Cacho viuda de Ibañez, 68 años, ama de casa, piensa que la responsabilidad principal de la mujer es la familia y el hogar. Doña Concepción está en contra del actual movimiento de liberación femenino:

'Yo opino que todo esto de la igualdad entre el hombre y la mujer es una idea totalmente ridícula y absurda. El sitio de la mujer es su casa. La mujer debe ser ante todo madre y esposa. Su responsabilidad es cuidar de sus hijos y servir a su marido. Yo tengo ocho hijos y para mí la satisfacción más grande es estar junto a ellos'.

Ernesto Pizarro, 22 años, soltero, estudiante universitario, cree que el hombre y la mujer deben tener las mismas responsabilidades y los mismos derechos:

'A mí me parece que en una sociedad moderna como la nuestra no debe existir discriminación entre los sexos. En el trabajo, el hombre y la mujer deben tener los mismos derechos, las mismas responsabilidades y recibir el mismo salario. En el hogar, los hombres también deben ser capaces de hacer el trabajo de la casa'.

233

Mercedes Vallejo, 29 años, soltera, sin ocupación, es miembro activo del movimiento de liberación femenino. Mercedes opina que las mujeres deben unirse para luchar por sus derechos:

'Yo pienso que las mujeres debemos unirnos para terminar con esta situación injusta. Debemos levantarnos y decir ¡basta!, ¡no más discriminación!, ¡abajo el machismo!. Nosotras no somos inferiores, somos tan capaces como los hombres y por lo tanto pedimos y exigimos los mismos derechos'.

Alejandro Calderón, 42 años, casado, 4 hijos, funcionario municipal, piensa que el que debe ganar el dinero es el hombre y no la mujer:

'Yo considero que la mujer no debe trabajar. La responsabilidad del hombre es obtener el dinero. La responsabilidad de la mujer es el hogar. Para mí no hay nada más agradable que llegar a casa después de trabajar todo el día y encontrar allí a mi mujer y a mis hijos'.

Sol Herrera de Palomino, 37 años, casada, 2 hijos, bibliotecaria, está a favor de la igualdad entre los dos sexos:

'A mí me parece que el hombre y la mujer deben repartirse las tareas de la casa, especialmente si ambos trabajan. Los hijos y el hogar no son responsabilidad de la mujer solamente, sino de los dos. Yo estoy totalmente de acuerdo con la posición del movimiento de liberación femenino español'.

Vocabulario

la encuesta	*public opinion poll*
realizar	*to carry out*
los derechos	*rights*
deber	*must/should*
luchar	*to fight*
la igualdad	*equality*
estar en contra	*to be against*
ante todo	*above all*
la esposa	*wife*
cuidar	*to look after*
ser capaz	*to be able*
unirse	*to unite/to join together*
injusto	*unfair*
¡basta!	*that's enough!*
el machismo	*male chauvinism*
por lo tanto	*therefore*
exigir	*to demand*
el funcionario	*employee*
la bibliotecaria	*librarian*
estar a favor de	*to be in favour of*
repartirse	*to share*
las tareas de la casa	*housework*
estar de acuerdo	*to agree*

Notas

Here are some useful ways of

1. Giving your opinion

Yo creo que la mujer debe tener los mismos derechos.

Yo opino que es una idea ridícula y absurda.

A mí me parece que no debe existir discriminación.

Yo pienso que las mujeres debemos unirnos.
Yo considero que la mujer no debe trabajar.
En mi opinión, el hombre es el que debe ganar el dinero.

2. **Talking about other people's opinions**
   Ana *cree que* la mujer debe tener los mismos derechos.
   Doña Concepción *opina que* es una idea ridícula y absurda.
   A Ernesto *le parece que* no debe existir discriminación.
   Mercedes *piensa que* las mujeres deben unirse.
   Alejandro *considera que* la mujer no debe trabajar.

3. **Asking people what their opinion is**
   ¿Cree Vd. que la mujer debe tener los mismos derechos?
   ¿Qué opina Vd. sobre el movimiento de liberación femenino?
   ¿Cuál es su opinión sobre el movimiento de liberación femenino?
   ¿Qué le parece a Vd. esta situación?
   ¿Qué piensa Vd. de esta situación?

4. **Talking about strong necessity or obligation**
   La mujer *debe* ser ante todo madre y esposa.
   El hombre y la mujer *deben* tener las mismas responsabilidades.
   Yo pienso que las mujeres *debemos* unirnos.

5. **Expressing agreement**
   Yo estoy de acuerdo con esa posición.
   Yo *estoy a favor de* esa posición.
   Me parece (*creo, opino, pienso, considero*) *que* está bien.

6. **Expressing disagreement**
   Yo no estoy de acuerdo con esa posición.
   Yo estoy en contra de esa posición.
   Me parece (*creo, opino, pienso, considero*) *que* está mal.

Preguntas

A. Seleccione la respuesta correcta.

1. Ana piensa que la mujer
   (a) tiene las mismas oportunidades que el hombre.
   (b) debe tener las mismas oportunidades que el hombre.
   (c) debe luchar por la igualdad del hombre.

2. Doña Concepción está
   (a) en contra de la discriminación contra la mujer.
   (b) en contra de la liberación de la mujer.
   (c) a favor del actual movimiento de liberación.

3. Ernesto cree que
   (a) el hombre debe ayudar a la mujer en casa.
   (b) la mujer debe hacer el trabajo de la casa.
   (c) el hombre no necesita hacer nada en casa.
4. Mercedes opina que
   (a) ya no hay más discriminación.
   (b) que existe discriminación contra los hombres.
   (c) que existe discriminación por parte de los hombres.
5. Alejandro piensa que el hombre debe
   (a) cuidar de los hijos.
   (b) ganar el dinero.
   (c) ayudar en casa.

B. Responda en español.
(a) 1. ¿En qué trabaja Ana?
    2. ¿Tiene marido?
    3. ¿Qué opina sobre la situación de la mujer?
(b) 1. ¿Cuál es la ocupación de Doña Concepción?
    2. ¿Tiene marido?
    3. ¿Cuántos hijos tiene?
    4. ¿Le gusta estar con sus hijos?
    5. ¿Qué piensa sobre el movimiento de liberación femenino?
(c) 1. ¿Está casado Ernesto?
    2. ¿Trabaja?
    3. ¿Qué opina sobre la discriminación entre los sexos?
(d) 1. ¿Trabaja Mercedes?
    2. ¿A qué movimiento pertenece?
    3. ¿Por qué cree que las mujeres deben unirse?
    4. ¿Qué piensa de la actual situación de la mujer?
(e) 1. ¿En qué trabaja Alejandro?
    2. ¿Cuál cree él que es la responsabilidad de la mujer?
    3. ¿Cuál es la responsabilidad del hombre?

Práctica oral

1. Study this dialogue.
   A: ¿Cuál es su opinión sobre el movimiento de liberación de la mujer?
   B: Yo estoy a favor del movimiento de liberación de la mujer. ¿Y qué opina Vd.?

237

Now get together with another student and use the phrases and topics below to make up similar dialogues.

¿Qué piensa Vd. (de . . .)?
¿Qué opina Vd. (sobre . . .)?
¿Cuál es su opinión (sobre . . .)?

Yo estoy a favor de . . .
Yo estoy en contra de . . .

REGIONALISMO   divorcio

CENSURA

AUTONOMIA   Huelga

PENA DE MUERTE

TERRORISMO

VIOLENCIA

2. Look at this questionnaire. Indicate your opinion by ticking the appropriate box.

¿CUAL ES SU OPINION?	
El trabajo de la casa es responsabilidad de la mujer solamente	
El trabajo de la casa es responsabilidad del hombre y de la mujer	
La cocina y el lavado son labores típicamente femeninas	
El hombre debe aprender a hacer la cocina y el lavado	
Es la mujer la que debe cuidar de los hijos	
El cuidado de los hijos es responsabilidad del hombre y la mujer	
En el trabajo el hombre debe recibir un salario superior a la mujer	
El hombre y la mujer deben recibir el mismo salario por el mismo trabajo	

Now study these dialogues.
(a) A: El trabajo de la casa es responsabilidad de la mujer solamente. ¿No cree Vd.?
    B: No. Yo opino que el trabajo de la casa es responsabilidad del hombre y de la mujer.
(b) A: El trabajo de la casa es responsabilidad del hombre y de la mujer. ¿No cree Vd.?
    B: Sí. Yo opino que sí.

Now get together with another student and go through each sentence in the questionnaire either agreeing or disagreeing as in the dialogues above.

239

3. Study these dialogues.

(a) A: ¿Qué opina Vd. sobre la liberación de la mujer?
 B: A mí me parece que es una idea ridícula y absurda.
(b) A: ¿Qué opina Vd. sobre la liberación de la mujer?
 B: Yo pienso que es muy necesaria.

Now use these ideas to form similar dialogues.

(a) ¿la violencia?/me parece/un problema muy grave.
(b) ¿el alcoholismo?/pienso/un problema serio.
(c) ¿la educación en su país?/me parece/estupenda.
(d) ¿los exámenes?/considero/demasiado difíciles.
(e) ¿los idiomas extranjeros?/creo/muy importantes.
(f) ¿la minifalda?/me parece/una moda muy atractiva.
(g) ¿la música/creo/un pasatiempo muy agradable.

You are working for the British Tourist Board. You've been asked to

interview Spanish tourists and ask their opinion on various subjects. These
are their answers. What are your questions?

A: ....

B: Yo pienso que el tiempo inglés es muy variable. Llueve mucho.

A: ....

B: Yo opino que los ingleses son muy amables.

A: ....

B: A mí me parece que Londres es una ciudad estupenda.

A: ....

B: Yo pienso que la comida inglesa no es muy interesante.

A: ....

B: A mí me parece que el campo inglés es muy bonito.

A: ....

B: Yo opino que los precios en Inglaterra son razonables.

Now give your opinion about the following. Choose appropriate words
from the list below to complete your answers.

> bien pagado/mal pagado
> interesante(s)/aburrido(s)
> fácil(es)/difícil(es)
> importante(s)/poco importante(s)
> excelente/bueno/malo

A: ¿Qué opina Vd. sobre sus estudios?

B: ....

A: ¿Cuál es su opinión sobre su colegio (o instituto)?

B: ....

A: ¿Qué le parece el español?

B: ....

A: ¿Trabaja Vd.?

B: ....

A: ¿Qué opina sobre su trabajo?

B: ....

4. Get together with another student and imagine yourselves in these
situations:
You are in Spain. At a party you meet someone who is also visiting the
same town.

(*Use the formal form.*)
(a) Ask him what he thinks of the town.
(b) Ask him what he thinks of the people in the town.
(c) Ask his opinion about his hotel.
(d) Ask his opinion about the food.
(e) Ask him what he thinks of the weather.
(f) Ask him what he thinks of the beaches.

Someone has asked your opinion about one of your teachers. Say that
(a) You think he (or she) is a good teacher.
(b) It seems to you that he works very hard.
(c) You think he is responsible.
(d) In your opinion he is a very pleasant person.
(e) You think his classes are very interesting.

Práctica escrita

1. **Read this extract from a letter of reference.**
Conozco a la señora Sol Herrera desde hace tres años. En mi opinión, la señora Herrera es una persona responsable y digna de confianza. Considero, además, que en su trabajo es imaginativa y competente.

You are applying for a job. Write the sort of reference you would hope to have from your referee. Choose adjectives from the list below.

eficiente
responsable
digno(a) de confianza
imaginativo(a)
competente
hábil
capaz
inteligente

2. Read these letters and fill in the missing words.

Cartas al director

LA MUJER ESPAÑOLA

Quiero expresar mi satisfacción _____ su artículo del día 21 de octubre en relación _____ la situación _____ la mujer española. _____ de acuerdo con su opinión. La situación de la mujer en España no es _____ problema exclusivamente femenino. Nuestra participación _____ fundamental para el progreso económico y social de nuestro país. En mi _____, la división tradicional entre el rol masculino y el rol femenino _____ completamente artificial.

Hoy _____ día, en las ciudades, muchas mujeres salimos _____ trabajar. _____ embargo, nuestras oportunidades _____ limitadas. Los hombres hacen los trabajos _____ importantes. Ellos toman las decisiones. Nuestros salarios _____: muchas veces inferiores. Creo _____ las mujeres españolas debemos luchar _____ nuestros derechos _____ acabar de una vez por todas _____ la actual discriminación.

Marta Soler,
Pontevedra

FEMINISTAS

Desearía información _____ los grupos feministas que hay en las Islas Baleares. _____ interesaría entrar en contacto _____ alguno. ¿Alguien me ayuda? **María Rosa Montiel. Bernardo Amer, 18, 2.º Palma de Mallorca.**

A FAVOR DEL DIVORCIO

La posición adoptada por su revista _____ relación al divorcio _____ parece parcial y poco racional. Pienso _____ hay muchas ocasiones en _____ el divorcio _____ la única solución al matrimonio en conflicto. Considero _____ el hombre y la mujer deben tener la libertad _____ decidir su propio futuro.
José María Cortés,
Sevilla

GENTE

El Rey Juan Carlos

Don Juan Carlos I es la décima persona de la misma familia que ocupa el trono de España.

El padre de don Juan Carlos es don Juan de Borbón y Batenberg, aspirante durante más de treinta años al trono de España.

En 1969, el Príncipe Juan Carlos, nieto de Alfonso XIII, último Rey de España, es nombrado oficialmente sucesor del General Francisco Franco. Y al morir Franco, en noviembre de 1975, Juan Carlos es coronado Rey de España.

Don Juan Carlos de Borbón y Borbón está casado con la princesa griega **doña Sofía** y tiene tres hijos—dos hembras y un varón. El hijo varón es el **infante don Felipe**, nacido en Madrid el 30 de enero de 1968.

OPINIONES

Vacaciones más largas

No más terrorismo

EL PARO, ENEMIGO PRINCIPAL DE LA PAZ

No a la huelga por la huelga

LA SUEGRA MERECE RESPETO Y COMPRENSION

«Prefiero a Sinatra mejor que a Mozart»

Cartas al director

El Metro no está limpio

Quisiera contestar a una carta publicada en ByN, firmada por don Carlos Mendoza.

Dice el señor Mendoza que el Metro es limpiado todas las noches en estaciones y trenes, a lo que yo respondo diciendo que está claro que esta medida no es suficiente, puesto que todos podemos comprobar la suciedad existente en dichas instalaciones, ~ lo que habría que añadir que, ~? de un servicio cada v~' ~~ ~o ~oali~

Sobre la asignatura de Religión

No es lo mismo suprimir la clase, que dejar libertad de asistencia. El que piense que debe asistir, que asista, y el que no, que no asista. Eso entra dentro de la conciencia de cada uno.

La religión es una asignatura que se aprende en la vida diaria, partiendo de una base familiar. Es en el seno de la familia, y no en otro sitio, donde mejor se aprende a ser cristiano. Para mí, personalmente, no es cristiano quien se sabe el dogma de memoria, sino aquel que, sin saberlo, llena su vida de amor y lo practica.

¿Es puro el vascuence?

En primer lugar hay que decir que el vascuence, como se llama la lengua vasca en español, o el eusquera, como se escribe en español el nombre vascuence, es una venerable reliquia del patrimonio cultural hispánico, que todos debemos amar y cuyo estudio e investigación debe fomentarse incluso a nivel universitario.

Hecho este primer plantea- ~~~isamente con ~~

Defensa del castellano

Mi carta no tiene más finalidad que la de aportar mi granito de arena en favor de una amplia campaña en defensa y protección del idioma oficial de este país —el castellano— y desterrar, de una vez por todas, el tan horroroso, y tan usado, *spanglish*.

Ustedes hacen el diario más o menos decente del país y, por tanto, son más culpables que nadie del uso, y el abuso, de barbarismos, en especial de todas estas palabras anglosajonas que, generalmente, con sentido equivocado, o a veces de mal gusto, imprimen simplemente por los caprichos de la moda.

LATINOAMERICA

TREINTA Y UNO

¿QUE SABE USTED SOBRE LATINOAMERICA?

Nuestras ideas y opiniones sobre los habitantes de un país extranjero son muchas veces parciales y no siempre corresponden a la realidad. La radio, los periódicos, el cine y la televisión tienen gran influencia en la opinión pública y en muchas ocasiones presentan una visión poco objetiva de otras naciones.

Para muchos británicos y europeos en general, Latinoamérica es un continente remoto y distante. Su visión de América Latina es limitada y parcial.

Un estudio del año 1973 (*) demuestra esta situación: 108 personas en Gran Bretaña responden un cuestionario sobre seis países. Uno de esos países es México. El cuestionario consiste en asociar el país, espontáneamente, con cinco palabras o frases diferentes.

¿Qué representa México para esos británicos? La mayor parte de las 108 personas asocia México con la palabra **sombrero**; la segunda palabra en una lista de 20 es la palabra **olimpiada**; luego vienen **Ciudad de México, calor, sol y pobreza**. La menos frecuente es la palabra **guitarra**.

Pero, ¿son más objetivos los mexicanos? ¿Qué piensan en México de los británicos? Aquí está el resultado de un estudio similar en México, con las cinco palabras o frases más frecuentes:

Cuando los mexicanos piensan en Gran Bretaña, piensan primero en **la Reina Isabel**, después en **los Beatles** y luego en **el tiempo, la Guardia Real** y **el Big Ben**.

Y ahora, ¿qué sabe usted sobre Latinoamérica?

*Latin America, An Economic and Social Geography by J. P. Cole.

LATINOAMERICA, CONTINENTE DE CONTRASTES

Latinoamérica es una de las regiones más extensas del mundo. Es un continente de enormes contrastes, con una gran variedad de climas, paisajes y gentes. A pesar de su historia común, cada país es diferente y se siente diferente.

249

HISPANOAMERICA

El idioma español es la lengua oficial en diecinueve países de la América Latina. Todos ellos son ex-colonias españolas. La palabra **Hispanoamérica** se usa para referirse exclusivamente a esos países. Cuando hablamos de Hispanoamérica no incluímos a **Brasil**, donde el idioma oficial es **el portugués**.

LAS COMUNICACIONES

Los grandes ríos, montañas y selvas y las enormes distancias hacen difícil y costosa la construcción de caminos y de ferrocarriles para conectar a un país con otro. En muchos casos el avión es el único medio de transporte. Aun hoy, el contacto entre algunos países latinoamericanos es mínimo.

EL CLIMA

Hay regiones de Latinoamérica de clima tropical. Otras donde el verano o la primavera son eternos. También hay zonas de clima frío, con lluvias y nieve. En algunas regiones los inviernos son muy fríos y los veranos son muy secos y calurosos.

LAS ESTACIONES

Para los países que están al sur del ecuador, las estaciones del año son lo contrario de Europa y Norteamérica. En Argentina, Chile y otros países de Sudamérica la Navidad se celebra en verano y en las escuelas y universidades los jóvenes tienen sus vacaciones de verano en los meses de enero y febrero. Las vacaciones de invierno son generalmente en el mes de julio.

LOS LATINOAMERICANOS

En Latinoamérica hay gente de origen muy diferente. Hay **indios y blancos, mestizos y negros.** En México, Centroamérica y los países de los Andes hay millones de indios. Los indios de Latinoamérica son de orígenes muy diversos y hablan idiomas diferentes. En las regiones más remotas del Continente muchos indios no hablan castellano.

Hay países, como Venezuela y Colombia, donde la mayor parte de la gente es mestiza, es decir, parte indio y parte español. En otros países— Argentina y Uruguay por ejemplo —la mayoría de los habitantes son blancos de origen europeo, principalmente españoles.

CIUDADES

En Hispanoamérica hay ciudades muy grandes y modernas. Las dos ciudades más grandes son **Buenos Aires**, capital de la República Argentina, y la **Ciudad de México**. Allí hay enormes edificios, grandes avenidas, un buen sistema de transporte y muchas industrias importantes.

DEL CAMPO A LA CIUDAD

En la mayoría de los países latinoamericanos la gente vive principalmente en el campo o en pueblos muy pequeños. En el campo las condiciones de vida son malas y por eso muchas familias emigran a la ciudad. La capital es el centro de atracción. Allí muchos viven en casas miserables, sin agua, sin electricidad y a veces sin comida.

En las ciudades de América Latina hay gente muy pobre e ignorante, que no tiene trabajo, ni escuelas, ni hospitales. Pero también hay gente muy rica, con hermosas casas, coches y buenas escuelas para sus hijos.